新江南文化丛书

遇见·青溪

《遇见·青溪》编委会 编

中国出版集团 東方出版中心

图书在版编目（CIP）数据

遇见·青溪 /《遇见·青溪》编委会编. -- 上海：东方出版中心, 2023.4

ISBN 978-7-5473-2181-2

Ⅰ. ①遇… Ⅱ. ①遇… Ⅲ. ①城市道路 - 史料 - 奉贤区 Ⅳ. ①K925.13

中国版本图书馆CIP数据核字（2023）第060077号

遇见·青溪

编　　者　《遇见·青溪》编委会
责任编辑　邓　伟
装帧设计　黄　蓉　立　早

出版发行　东方出版中心有限公司
地　　址　上海市仙霞路345号
邮政编码　200336
电　　话　021-62417400
印 刷 者　上海丽佳制版印刷有限公司

开　　本　890mm × 1240mm　1/32
印　　张　6.625
字　　数　132 千字
版　　次　2023年8月第1版
印　　次　2023年8月第1次印刷
定　　价　78.00元

《新江南文化系列丛书》序

习近平总书记强调："文化自信是更基础、更广泛、更深厚的自信，是一个国家、一个民族发展中最基本、最深沉、最持久的力量。"奉贤依江海而生，拥有近 5000 年的文明史，是上海最早的冈身成陆推进地带、最早的良渚文化繁衍地域、最早的儒家道启东南策源地区，还是上海江南文化、海洋文明最厚重的发端地之一，"敬奉贤人、见贤思齐"是奉贤人承继了 2400 余年的人文传统。从 1927 年 8 月，奉贤第一个党支部成立后，奉贤就成为当时浦东、浦南地区革命活动的重要基地。可以说，红色文化是奉贤的本色，海派文化是奉贤的特色，江南文化是奉贤的底色。

2021 年 6 月，《中共上海市委关于厚植城市精神彰显城市品格 全面提升上海城市软实力的意见》明确提出："使红色文化、海派文化、江南文化在交相辉映中激发创造活力，在世界文化交融激荡中绽放独特光彩。"2021 年 7 月，《中共上海市奉贤区委关于打响城市软实力品牌 塑造"新江南文化"的意见》明确奉贤要赓续红色文化血脉、植入海派文化基因、提炼江南文化精髓，塑造新江南文化。为切实推动文件精神落地落实，奉贤区委、区政府在上海市委宣传部、市文旅局的有力指导和鼎力支持下，联合市社联、上海社科院、复旦大学、上海交通大学等单位，于 2022 年 8 月 24 日至 25 日在奉贤新城成功举办第一届"新江南文化与新城建设"高峰论坛。

当前，奉贤全区上下正在深入学习宣传贯彻党的二十大精神。通过全面学习、全面理解、全面把握党的二十大报告相关论述和部署的核心要义，我们深刻认识到，在新时代背景下，塑造新江南文化，本质是“两个结合”思想的生动实践，根本是践行人民城市理念的具体行动，要义是服务上海国际文化大都市建设。为此，我们积极推进“奉贤红色资源发掘保护”和“奉贤历史文脉传承演进”两项工程，系统开展深度研究和学理阐释，在此基础上组织编写《新江南文化系列丛书》。我们认为，这是学习宣传贯彻党的二十大精神的一项十分重要的措施，也是提升城市软实力、满足人民群众对美好生活向往的一项十分重要的工作。

奋进在新时代新征程上的新奉贤，将一如继往坚守中华文化立场，坚定文化自信，坚持创造性转化和创新性发展传统江南文化，融入红色文化基因、海派文化气质，不断赋予江南文化新的时代内涵和现代表达形式，为更好展示中华文明风采、弘扬中华优秀传统文化、铸就社会主义文化新辉煌作出我们的努力。

中共上海市奉贤区委宣传部
2023 年 6 月

目录

初见

集古

寻源

品味

追忆

真趣

清溪

本书编委会

特别感谢：陈建国、姜莉丽、杨斌斌

水 韵 青 溪

自古
青村古镇
是因为一条清澈的溪流
自东向西经过而得名
今天
关于青村想对你说的话
就在这里
....

初见

青溪印象

聆听江南古镇

“水秀山清眉远长，归来闲倚小阁窗。”如诗如梦的水墨江南，烟雨蒙蒙、清亮怡人，它承载着厚重的历史风华，荡漾着绵延的乡愁情结，不紧不慢地从岁月深处发出扣人心弦的叮咚声，令人心驰神往。说来也巧，我与青溪老街有过一段不解之缘。大约二十年前，受当时主管城建的副区长刘海生的邀请，我踏察了青溪老街，当时就隐约感到这是一块尚未雕琢的璞玉。

“我踏察了青溪老街，当时就隐约感到这是一块尚未雕琢的璞玉。”

2021年4月，我再次来到这里，举行新作《遗珠拾粹：中国古城古镇古村踏察（三）》《遗珠拾粹：中国古城古镇古村踏察（四）》的首发仪式，身临草木葳蕤、花香氤氲的南园，我愈发觉得这块璞玉正在不断显露出温润光泽。一座古镇对于一片土地而言，有着不可言喻的重要作用。

“一座古镇对于一片土地而言，有着不可言喻的重要作用。”

品味青溪乡愁

这一座座镶嵌在锦绣山河中的珍贵古镇，根植于当地的历史文化、浸润着人们的思想情操，它们超越了地理空间的意义，从时间维度上呈现出恒久不息的力量。

“我们阅读古镇，是欣赏其水墨画般山水和谐的环境，是品味中国人独属的雅致生活，更是回归剪不断的浓密乡愁。”

如今人们常说的“乡愁”，其本质就在于怀念过往岁月、追寻慢生活的情感表达，而古镇的完整留存，恰是我们了解过去历史风貌、追溯往昔生活场景的诗意途径。我们阅读古镇，是欣赏其水墨画般山水和谐的环境，是品味中国人独属的雅致生活，更是回归剪不断的浓密乡愁。对于青溪老街，亦是如此。

“让古镇精神在新时代焕发更多盎然生机，让青溪之水恒久流淌在新江南的文化图谱上。”

在这条街上，溪水悠悠、茂林修竹、街衢通达，古老的石桥、庭院、水井……随处都有无尽的故事可以诉说，转角皆是悠久的历史见证。这里的一草一木值得被守护，这里的一点一滴值得被记录，让古镇精神在新时代焕发更多盎然生机，让青溪之水恒久流淌在新江南的文化图谱上。

是为序。

阮仪三

守正
ERKE

青溪老街
进德

水韵青溪旅，遇见新江南

“舟楫往来如织，百货聚焉，廛闬之盛，遂冠东乡诸镇。”这是史书中记载的历史青村。“曈昽旭日照西湖，光映南园霁色多。”这是诗人笔下的人文青溪。跨越千年，当《陶溪八景总咏》的宏大诗篇在新时代再现人间，我们循着“吴中草圣”的笔墨诗行，推开青溪老街那一扇扇穿越时光的窗，在“青溪讲学”的追问中邂逅言子的弦歌教化，《富春山居图》的诗意，《清明上河图》的繁华，在这里与新江南文化的浓墨重彩交相辉映，描画出一道独一无二的靓丽风景。

水韵青溪，以水为魂，因水而美、因水而魅、因水而富、因水而活，古老运盐河在桨声灯影里，刻画出江南水乡意韵的生态肌理。从“贤文化”之源到新时代的文旅特色小镇，从历史上的“苏松东南第一巨镇”到“四力”青村的出彩热土，青村在一次次精彩蝶变中形塑了浓淡相宜、令人心醉的江南天际线。

“海滨称文墨之区，必以青村为首矣。”小桥流水间、斜街曲巷里，曾携着“明代诗冠”袁凯的乡愁，载着翰林编修黄之隽“经世济民”的梦想；粉墙黛瓦、江南院落，古老市河上座座古桥见证了“青村盐场”的繁华盛景，它们一头连着“南园”诗书家风，一头通往今日青村的人间烟火，奉贤“书香门第”的文化基因在这里传承不息。

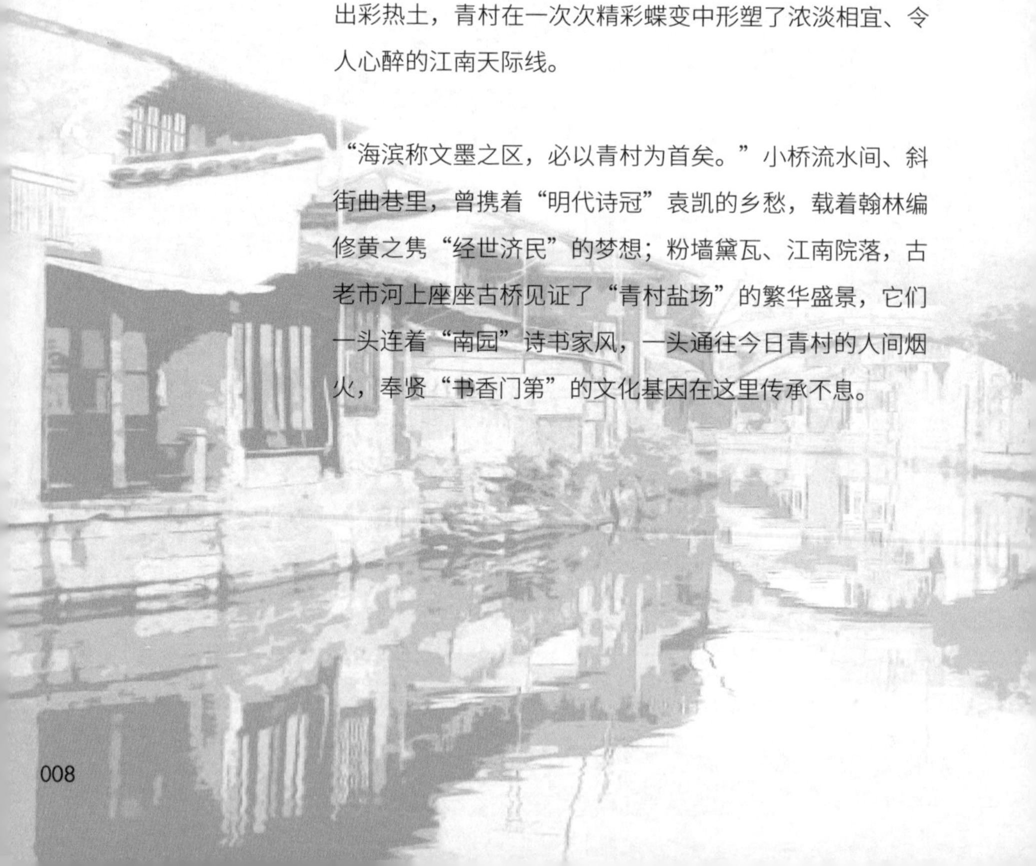

水韵青溪，风物万千，幻化为各种形态，诠释出“此心安处是吾乡”。世外桃源里，一朝览古今，自然的馈赠、勤劳的创造，成就了“杨柳依依，桃花十里”的人杰地灵；从指尖、舌尖到心间，一颗颗青溪匠心，一种种“青村味道”，一个个青村故事，彰显了生态、美学、文化的和谐共生。保境禅寺听梵音，“海秀牌坊”访古，三官堂长街寻踪，徐文长笔下的陶宅旧事历历在目，李窑典故依然口口中相传，吴房的老树、老井、老屋已是青春蝶化……柔软、美好、诗意的青溪从这里走来。软实力是实力之基，厚植城市精神、彰显城市品格，水韵青溪让历史告诉未来。我们不仅要会挖掘故事、创造故事，也要会讲故事、讲好故事；当古老青溪与今日青村邂逅，“百里运河、千年古镇、一川烟雨、万家灯火”的城市意象将梦想成真。

让我们充分挖掘“新江南文化”的历史人文底蕴，加快形成“一廊三坊七桥九弄十八院”格局，聚力提升城市品质和文化内涵，推动水韵青溪实现从“唯一”到“唯美”的华丽转身，努力绘就“新时代、新片区，奉贤美、奉贤强”的“水韵青溪上河图”，为打造新江南城乡空间策源地、新江南生活生产弄潮地、新江南生态肌理重塑地、新江南精品力作打卡地、新江南文化创新魅力区，探索和提供“青溪方案”，让青村成为人人向往之地。

夜景图

水韵慢行

清晨，我推开青溪的大门

我的古镇情结，并不是因为我生活在古镇。对古镇生活的向往，是我儿时不敢说出来的秘密，当时的青村老街满足了我少年时对古镇的所有想象。

一年五一假期的第二天，我起了个大早，五点多便赶到了写有“青溪老街”大字的牌楼前，街上已有一群当地的老年人在谈论昨天开街的事，脸上荡漾的自豪感透露出他们对古镇特有的情愫。据说，小镇昨天迎来了近二十年来最多的人潮，街上售卖火炉饼、海棠糕的店下午就挂起了“免战牌”。

我独自默默行走在清冷的街面上，这是古镇唯一一条狭长的巷子，错落有致的石板泛着暖暖的光，街上空无一人，抬头处便是被飞檐墙垣切割的蓝天，我有一种把小镇独揽于怀的豪迈。

四十多年前，我有一个大姨住在老街上，已记不清她家的位置，好像是现在的中街，门前有一个偌大的庭院。每年去大姨家是一件仪式感很强的事，穿上最新的衣服，拿着父母精心准备的土特产，因为她家是我们所有亲戚里面最让我们骄傲的，她们家的大儿子在黑龙江插队，后来做了县长，小女儿是供销社的售货员。母亲说，人家城里的孩子就是有出息。后来大姨过世了，近三十年我再也没有去过大姨家，我们再也没有了联系。但从此，小镇孕育了我对职业梦想最初的设想。

吴进宝，是我当天碰到的除清洁工以外的第一个老街工作者。三十多年前，从江苏姜堰一路拾荒而来，在青村老街停住了漂泊的脚步。人称“小皮匠”的他见证了古镇的兴衰，他被镇里聘为“老娘舅”“平安大使”，知道我是来宣传古镇的，特意拉我到他的工作室，墙上挂满了各种奖牌、聘书，他说老街就是他的家乡。

季大妈今年八十二岁，住在老街的最东面，和我母亲差不多年龄，她是奉贤本地人，但青村不是她的老家。她说她有两个孩子，在南桥有好几套房子，她更愿意在这里生活，周末大家在老街聚在一起。她成了古镇的另一种守护者，可能和我一样，满足儿时对古镇的向往。

清早，宁静的河面有一只拖把在搅动，可惜不是我想象的浣纱女，但这就是生活中的老街。很奇怪的是，古镇上还有一对从城里来的中年偏年轻的夫妇，风韵犹存的妇人在家门口的街面上梳理自己如幡的长发，牛角的梳子在她手中翻飞，像一只飞舞的蝴蝶。她，成了我那天相机里唯一的女主角。

古桥、古树是古镇的见证者，可惜古树经不起折腾，青村亦是，我们已经找不到特别有年代感的古树。

如今，继芳桥、仁寿桥静静地守护着古镇的河道，其实继芳桥原本不在这里，金汇港开挖时把它整体掩埋了。十五年前，我在文广局分管文物保护时，使这座明代的三孔石桥得以重见天日。每每看到这座桥，我保护古镇的责任感便油然而生。

青溪，她可以是一个不一样的古镇。对于更注重传承的阮仪三先生，青溪古镇不一定符合他的胃口，在这里我们也从保护良好的留存中发现了许多古人的智慧，观音兜、骑马楼、水上吊脚楼以及空中连廊都是江南古镇特有的，拴桥柱子的石联上居然还有李白的诗。

青溪，她就应该是个不一样的古镇。因为她没有飘香的蹄髈、粽子，甚至不兼容“臭豆腐”这种古镇标配。我希望她有穿越感，让我们看到有点年头的老物件，能寻觅到儿时的痕迹和向我们曾经的青春岁月致敬的理由，有窗口写着感言、挂满风铃的青年客栈，有丁香花和卖着愁怨的姑娘；我更希望她有未来感，在时光邮局寄给老年自己的信，有外国青年开着异域风情的小店。

古镇，城里人的乡愁，农村人的梦想。如今，我们从城市的钢筋水泥林来到这座既陌生又熟悉的古镇，静静地坐在石板凳上，我们可以什么都不想，让时间随着河水流淌；我们也可以什么都想，让思绪在古镇的小巷里驰骋。

对于青村历史的记述，较为翔实的当数清朝人曾羽王的《乙酉笔记》，这是一部详细记述古华亭地区地理、风土、大事件的民间杂记，具有很高的学术价值。

书中是这样说的：“海滨称文墨之区，必以青村为首矣。”由此可见当时当地以文为尚，读书人非常多，“凡有子弟者，无不令其读书。每遇试期，应童子试者，五六十人”。

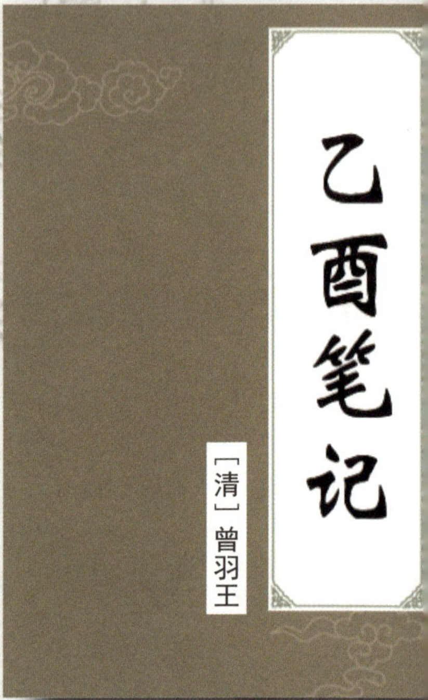

乙酉笔记

隋（1400年）
青村成陆
盐业极为发达

宋淳祐年始
移民迁徙、民居林立，商铺鳞次栉比

元末明初

明洪武年
设巡检司、岁课局

明嘉靖
商品集散之地

清雍正九年
青村所千总驻地

嘉庆年间
日趋繁荣，据清嘉庆《松江府志
载，“分邑后，舟楫往来如织，
货聚焉，廛尘闬之盛，遂冠东
诸镇”。

民国初年
青村米市尤盛

清雍正　青村港　元明时期　青溪　民国始　青村

青村集镇市河在成陆年代里是自然的近海河道，是那时人们捕鱼捉虾、运输作业、淘米洗菜、饮用玩耍的主要去处。因芦苇茂密，两岸青草拂动，被人们称为“青溪”。如果说有母亲河的话，青溪就是青村人民的母亲河。

明嘉靖三年(1524年)，工部郎中林文沛督率华亭县对市河进行了一次人工疏浚，自此，市河成了潮汐河道。清康熙年间，市河断了潮汐，多处改道。清雍正二年(1724年)，巡检张从训、里人宋淑业疏浚市河至高桥段。

清雍正六年(1728年)，县令舒慕芬督率又一次疏浚市河开挖益村坝，直通南桥塘，连接奉城城壕，市河又成潮汐之道，水上交通便利，舟楫往来如梭。

新中国成立后，投入大量财力和物力，对市河进行了多次改造和养护。特别是1961年12月的疏浚，使老市河重放异彩。

青村场图

因为南临大海，古代青村盐业发达，宋淳祐年间，大量运输船只与盐民在此集结，商铺林立，至清中后期，青村的市面发展至鼎盛。

《青村志》书中有这样的描写：“北宅千灶、珠履三千，钟鸣会食，击鼓传更”“云锁烟云，湖集歌舞”“举渔火以清市尘”“遐迩游观煮骈臻于是”。清顺治年间，青村曾是奉贤东部最大的乡镇。

其时，清《松江府志》《华亭县志》以及《奉贤县志》均有描写：“分邑后，舟楫往来如织，百货聚焉，廛闬之盛，遂冠东乡诸镇。”

鹽倉
鹽倉廟
鹽倉
娘娘廟
奉賢縣
城隍廟
村場署
高橋鎮
二團運鹽河
鹽倉
三團運鹽河
舊四墩汛
支港
選佛堂
四團鎮
新四墩汛
鹹水廟
五墩汛
四團運鹽河
北至下沙

集古

乡韵桥遗

清代青村港位置圖(1878)
叶家行汛
二桥汛
头桥镇
唐家行
青村港汛
小普陀
演武场

夜游青溪镇

火树银花青照壁
彩灯林荫长街深
双桥对应河中影
一曲弹词旧梦临

隋末唐初（600年前后），青村大部地区成陆，隶属吴郡。

唐高祖武德八年（625年），青村隶属江南道苏州郡海盐县。

唐玄宗开元三年（715年），青村隶属江南东道吴郡华亭县。

宋高宗建炎元年（1127年），青村隶属两浙西路秀州郡华亭县白沙乡。

宋赵昺祥兴二年（1279年），青村隶属江浙行省松江府华亭县白沙乡三保白沙里。时，陶宅已成集镇。

明太祖洪武元年（1368年），青村隶属中书省松江府华亭县白沙乡十四、十五保。

明太祖洪武六年（1373年），陶宅镇鼎盛，设巡检司、税课局。工部郎中林文沛督率华亭县第一次疏浚青溪河（即老青村港市河）。

明世宗嘉靖二十年（1541年），陶宅镇屡遭倭犯，巡检司、税课局西迁，商业南移青溪。时，荒墩已设望倭墩，置烽火台。

清世宗雍正四年（1726年），华亭析县。青村隶属奉贤县白沙乡十四、十五保。

清世宗雍正九年（1731年），引南桥塘水经益村坝通城濠，青村港老市河第二次疏浚，青溪镇以河易名为青村港镇。

清宣宗道光二十六年（1846年）六月十九日夜，地震。六月二十七日子夜，大风势如山崩，有赤光如盘，自北而南，落星数百，随之声如雷，地复大震。

清穆宗同治四年（1865年），五月二十日，龙卷风自青村港西市过朱店，大风拔树、坏屋。

清穆宗同治六年（1867年），知县韩佩金劝捐办理青村港社学。翌年复建陶宅义塾。

清德宗光绪九年（1883年），北港建『顾家天主教堂』。

清德宗光绪二十三年（1897)年，五月，奉贤县商会青村分事务所设立。

清德宗光绪二十九年（1903年），『顾家天主教堂』迁至青村港镇西市，易名为『青村天主堂』，又名『诸圣堂』。

清德宗光绪三十三年（1907年），程蓉荪等在青村港中市建『育婴堂』，办『启明初等学堂』。

清宣统二年（1910年），青村隶属奉贤县东三乡，乡董唐韵笙，乡署设在青村港镇，辖蒋村港、钱家桥两镇。

中华民国元年（1912年），陶宅、朱店两小学创办。

民国五年（1916年），青村港程少蓉创办『程恒昌』轧花厂。

民国十五年（1926年），镇北『梅村初级小学校』（即今北港小学前身）创办。

民国十六年（1927)年二月，『程恒昌』购进发电机，青村港自行发电。四月，青村港建立『浦南中医协会青村分会』。

民国十七年（1928年），青村港从上海陆家浜经泰日引来交流电源，用于生产和生活。

民国十八年（1929年），青村隶属奉贤县第五区，区长傅宝初（梦岩），区治在青村港镇中市，辖两镇二十一乡、二百二十七闾、一千一百一十三邻。五月，镇北驳岸里吴泗渔开辟『延陵桃园』（即今桃园牧场前身）。

民国二十年（1931年）三月，青村港西市设三等邮局，架有南（桥）青（村）、南（桥）奉（城）、青（村）钱（桥）三条电话线路。七月，宝善、荒墩两小学校（即今姚家、和中小学前身）创办。九月，镇北『明新初级小学校』（即今吴家小学前身）创办。

民国二十二年（1933年），第五区（青村）与第六区（金汇）合并为第三区，程渭杰（贤）任区长，区治在青村港镇西市，辖一镇一十九乡。

民国二十六年（1937年），青村隶属日伪上海大道市政府奉贤县青村镇，镇治在青村港镇中市，辖一镇一十乡、五十保、五百六十四甲。

民国二十七年（1938年）一月二十日，日寇焚烧青村港镇，烧毁房屋二百余间，死伤三十余人，奸淫妇女达二十余人。

民国三十一年（1942年）二月，青村港东市开发『万利银行青村办事处』。九月，青村隶属汪伪奉贤特别区青村镇，辖八乡。

民国三十二年（1943年）二月，青村隶属汪伪奉贤特别区第三分区，邢士行任区长，区治在原镇公所内，辖一镇八乡、九十七保、一千零七十五甲。五月，青村港中市开设『青村盈丰银行』。六月，青村港西市开设『永丰信托公司』。七月，青村港西市开设『浦左银行青村办事处』。十月，青村港东市翁氏民房内开设『税捐稽征处青村分理所』。

民国三十四年（1945年）十月十一日凌晨二时许，新四军浙东纵队一部一千余人途经青村港镇，当日白天向泰日桥、杜家行方向北撤。十月下旬，青村港中市设警局，辖三个警所，驻警备总队一个中队和水警纵队一个大队。十二月，青村港组织警防团（自警团）、冬防队（自卫队）。

民国三十五年（1946年）四月，王家栅小学（即今王家小学前身）创办。

民国三十六年（1947年）三月，青村隶属奉贤县青村镇，戴东荣（自廉）任镇长，镇治在青村港中市。辖一十五保、二百三十三甲。

十二月五日，镇南旺家桥建『青村耶稣堂』。

一九四九年五月十四日清晨，中国人民解放军第三野战军第九兵团第三十军解放青村地区。五月二十一日上午，随军南下干部到达青村港镇。青村隶属奉贤县第六办事处，李少峰任中共办事处工委书记，王宝生任办事处主任，辖一镇二乡。

名称	历史年代	地址
张炳官宅	明末	东街 56 号
钱孟生宅	明末清初	中街
杨高镜宅	明末	中街
王颂岐宅	清初	南街
走马楼	明中期	中街
满洲弄	清代（太平天国期间得名）	东街
青村天主堂	清代	西街
沈行前天主堂	清代	湾张（褚家）
海秀牌坊	明代	西街
报境寺	原建清代	新张
报恩古寺	原建明代为庵	钟家、朱店交界
陶宅古井	疑似宋、元时期	陶宅村
钟宇淳墓志铭	明代	陶宅村王家 1 队
明代井栏圈	明代	陶宅村
明代古水桥	明末	李窑村 7 组
继芳桥	明万历六年（1578 年）	现移建西街
南虹桥	清康熙三十一年（1692 年）前后	中街
三祝桥	明永乐年间（1404—1410 年）	中街
中和桥	清乾隆十四年（1749 年）	东街
永寿桥	清乾隆年间（1750 年前后）	南街
永福桥	清光绪七年（1881 年）	李窑村 5 组
永锡桥	清光绪初年（1875 年前后）	陶宅村王家 8 组
唐江桥	清道光十九年（1839 年）	新张花角交界
广济桥	初建明代，1958 年移建南街	现南街
南袁桥	明代	陶宅 9 组
饴善桥	清代	西吴村吴家 8 组
种德桥	清顺治二年（1645 年）	北唐、唐家、卫季交界
仁寿桥	清代	陶宅 8 组
寿宁桥	清代	陶宅 11 组
长寿桥	清代	元通、解放交界

名称	历史年代	地址
永丰桥	民国	吴房、解放交界
长庚桥	明洪武二年（1369 年）	人民路南端路下
无名桥	清代	工农 2 组
老夫子桥	清代	朱店、元通交界

青溪老街的古桥

目前保存完好的青村港镇古桥有明代桥梁二座、清代桥梁四座，已拆毁的有三座， 埋于路下的有一座。

三祝桥

三祝桥，民间称“三官堂桥”，位于青村镇中街，明永乐二年间建。建筑用材花岗石，属江南古建筑平桥风格，是南来北往的交通要道。

长 庚 桥

长庚桥，建于明洪武二年（1369 年），位于青村港中西街之间，东西向，现沉睡于人民路下。此桥是明初青溪镇市况发展向西延伸的历史见证。

中和桥
中和桥

继芳桥

继芳桥，位于原光明镇东街，明万历六年（1578年）秋邑人邹氏建，另一说由里人陈世昌所建，明万历四十七年重修。民间有换糖人一诺千金建造该桥的传说，故俗称“糖桥”。

桥有三孔，工艺精细，对接严密，桥身坚固，为奉贤区现存石拱桥之冠。1978 年开凿金汇港时，继芳桥被泥土填没。2005 年春，经上海市文物管理委员会和奉贤区人民政府将古桥挖掘移建于青村镇西市市河上，工程于 2005 年 12 月 15 日正式竣工，拥有三百余年历史的古桥终于重现光彩。

南虹桥

南虹桥，位于青村老街中街，清康熙三十二年正月由儒林郎阙里典籍宋际峨修建。乾隆年间《奉贤县志》载：“南虹桥，在青村港西市。康熙年间，阙里乐丞宋际建，中系木面。雍正年间，僧慧剑募修，易木以石。”其南堍东西两侧有阴文铭记。

南虹桥

嘘！我在桥底寻宝

南虹桥原名环龙桥，它底下的桥心石雕刻着“祥龙戏珠”的图案，传说龙能掌管人间的旱涝，当人间干旱时，祥龙便把水喷出来滋润大地；当人间涝水时，祥龙便吸收掉多余的雨水。

南虹桥这座桥也比较特别，它是一座八字桥，它与它的倒影加上永寿桥形成了一把老钥匙的形状，传说可以开启神秘的龙宝……

你在老街上打卡了几处桥心石？

桥心石是江南地区古桥雕刻结构中相对重要的一个构件。古代建造石拱桥时，盖上了这块石板，就意味着桥梁的建造工作圆满完成了。

南虹桥桥心石“龙戏图”

古时青村古镇旧俗里就有“走三桥”的活动，围绕桥心石圆心转动，有着祈祷万物有序流转、潮平人安之意。

永寿桥

永寿桥位于青村老街中部，毗邻南虹桥，据称是清代修建。该桥为三跨双拼石板桥，桥长 15.80 米，宽 1.46 米，高 2.80 米。桥中面用水泥板镶嵌。此桥和南虹桥形成了“双桥”，堪称青村双桥美景。

南虹双照

南虹桥与横跨卧龙庵港的另一座古桥永寿桥形成了双桥合璧的水乡特色风景。每当中秋月圆之夜，就形成了“南虹双照”的奇景。

青溪老街的桥

建桥的主要目的，不管在古代、近代，还是当代，都是为了解决跨水或者越谷的交通。江南少“谷”，青村便无“谷”，桥当然就派跨水的用途了。桥跨水是为了人跨水，人跨水，物也随着跨水，这是生活使然，简单、直白，也明了。在《说文解字注》段玉裁说：“梁之字，用木跨水，今之桥也。”说明桥的最初含意是指架木于水面上的通道，青村老街的桥，多少年来确实发挥着这般作用，只不过不是“用木跨水”，而是用石跨水。

用石跨水比用木跨水肯定更好处多，更因为石头相比于木头，至少有两个便利：一是建造的桥更牢固，二是桥的寿命可能更长。后者之果也是因于前者，这也是石头本身带来的好处，造桥之人的材料选择源于经验和实践。不这样做，今天的我们就很难看到青村老街这么多的石桥。当然，桥是一个物件，是物件总有损坏的那一天，不坏或者少坏，应该与后来的护桥关系密切，这种关系说到底也是靠人维系的，这是事实。

来到青溪老街，第一想复验的是老街到底有多少桥。我想到的是配比，就是说，青溪老街长约 1.3 千米，这个长度里到底设几座桥最合适？漫步，由东往西，用眼看，用心数，只数横跨在东西走向河面上的桥梁，数后才清楚一共有六座，依次为中和桥、广济桥、三祝桥、永寿桥、南虹桥和继芳桥。这样算来，是每隔二百米左右就有一座桥，这是人与人可以喊话、听话的距离，谈不上密布，但人眼看得清人眼倒是实事求是的。

记得一位哲人说过，桥的两端连着文明。现实生活中，桥两边的来往确实会与文明发生某种勾连，因为文明都是从生活开始的，生活便利是生活的一个保障，确实会影响人的礼仪与荣辱，而事实又印证了这种关系，不然前人还造什么桥。

六座桥中第一想说的是南虹桥。南虹桥始建于清康熙年间，距今不过三百多年，说不上久远，但有话头。据《青村志》记载，此桥是石级木梁，后易为石梁。《奉贤县志》说得更明白，说原是“中系木面”，后雍正间“易木为石”。木料改为石料，木面变成了石梁，无孔变成了有孔，南虹桥成了名副其实的石拱桥，虽是单孔，但孔大，孔径 5.4 米，远看，就像悬在河面的夕阳，耀眼、壮观。

这种变化，一方面说明修桥者的认识与生活开始贴近，另一方面说明事实有着不可置疑的教育或者启迪作用。毫无疑义，进步是事实促成的，进步的最大受益者是南来北往的老百姓，老百姓走过桥，都要说一声好。

说完南虹桥，再说继芳桥。继芳桥给我的感觉就像一位饱经风霜的老人，历经无数坎坷，无数忧伤，也有无数辉煌。继芳桥，建于明万历六年（1578 年），迄今四百余年，是名副其实的老桥。

老桥的工艺独特，雌雄座榫，对接严密，桥身雕刻对称、精致，体现出很高的艺术水平，位居当地石拱桥之冠，历史文物之一。它的原址不在青溪老街，而在光明镇东街，1978 年开凿金汇港时被泥土淹没，直至 2005 年被挖掘移建于青村镇西街原文星桥桥址上面。不消说，命运极为多舛。

继芳桥能再现于世、重放异彩，与继芳桥本身的价值相关，也一定与当今世人对文化的重视与良知相关，因为认识继芳桥，重视继芳桥，移建继芳桥，是一个综合工程，蕴含其中的元素不是一两句话能说清的，我们用事实观照现实，总觉得移建继芳桥是善举，功德无量。

现在继芳桥移建过来了，青溪老街就多了一座桥，仅从是数量上来看，也是十足

的锦上添花，且伴随继芳桥过来的还有继芳桥的一个传说。

相传继芳桥原是座破竹桥，来往危险。有一天，换糖者走过，说："要是我有了钱，造座新的。"后来，换糖者在一户破落官吏人家，换着一对金弥陀。有钱了，他筹集上等石料，聘来巧匠，拆去竹桥，建造了这座三孔石拱桥，取名继芳桥。当地人感恩换糖人，就直呼此桥为"糖桥"。

这仅是一个传说，但蕴含着人们的价值观，比如善良的人一直想做善良的事，善良的人往往都有福报，善良的人往往是言行一致的人。这些都是传说派生的意义，而在派生的意义里过日子，我们自然希望自己能遇见换糖人，也希望自己成为换糖人。我想，这就是青村人愿意将继芳桥唤作糖桥的一个原因。

桥在青溪老街一直有跨水之用，但现在的看桥人却不在乎跨水不跨水了。

广 济 桥

老广济桥，位于三祝桥南，是奉贤区不可移动文物单位，中跨长 6.5 米，宽 1.5 米，为三拼竖条石板构成，东西向，北侧的石板已断。下面河道已填没，古桥变成路面。

老广济桥

新广济桥

三祝桥

三祝桥，俗称三官堂桥，在青村港镇中市，南北向跨青村市河，总长 23.65 米，外宽 2.78 米。三祝桥为三段立柱式石桥 , 桥栏为细砖密砌 , 加金山石上盖为扶手，有望柱。三堍石桥 , 两端十级台阶，为青村镇南北往来交通要道。

后因中堍二梁石断裂 , 从白沙庙运来桥面两块配修 , 所以桥身刻桥名“起凤桥”，并砖砌扶手栏杆。2007 年，被列为奉贤区不可移动文物 (登记) 单位。

中和桥

中和桥，南北走向，横跨青村港市河，单跨驳岸式垒石基四拼石板平梁桥，花岗石材质. 始建于清乾隆十四年 (1749 年), 嘉庆三年 (1798 年) 重建。石梁上桥名“中和桥”三字楷书阳刻清晰，桥的双面两侧石柱上可见两对楹联。

南、北堍石级各 16 级。20 世纪 50 年代加装铁栏杆。现中跨圆木穿孔扶手，望柱四个。桥长 17 米，宽 1.5 米，2007 年，被列为奉贤区不可移动文物 (登记) 单位。

中和桥双面桥联

“曰中曰和愿顾名思义”

中和桥水桥石毯

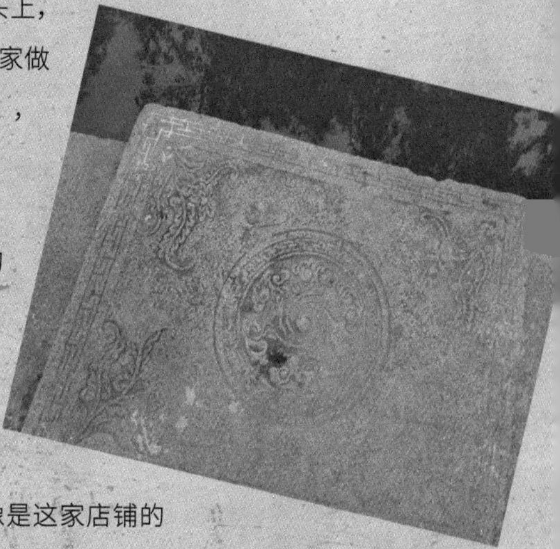

这块石毯过去就在这个马鞍形的河埠头上，它的北岸有个三开间的门面，是当地一家做婚嫁用品的店铺，叫“沈培记嫁妆店”，制作并售卖结婚的“十里红妆”。

过去江南人结婚时都会买这种大红色的生活用品，红色让婚礼展现出喜庆的气氛。许多要结婚的新人都会从这个码头上岸，载着这些新人的船就靠在这个河埠头上，下船的时候正好踩在这块像地毯一样的石面上，这个石毯就像是这家店铺的标志物，新人们走到这就知道找到这家店铺了。

在江南地区，做这样石质的河埠头桥面是极为少见的，而且上面的图案也较为特别，四个角上有四个卷草纹，也称缠枝纹，中间的圆形用了八朵灵芝互相缠绕，边上的缠枝纹就是纠缠的缠树枝，因其结构连绵不断，故又具有“生生不息”之意，象征着新人生活美满、子孙绵延，中间的灵芝象征着生活和美、婚姻幸福，整个图案具有吉祥的寓意。在新人来到这个古镇购买结婚用品时给予祝福，也是店主给自己店铺做的最好的广告。

七夕节走上这个石毯，可以为爱祈福，祝愿自己的爱情长久、生活顺遂。

中和桥

天工巧艺

青村的古建

每次走进古镇，总是感触颇多：作为个人，在这千年的过往中，是一种太过渺小的存在。建筑，在这里也不再仅仅是架构出的物理空间，更不是简单的砖木。几百年过去了，这些曾经为明代的读书人、晒盐人和抗倭官兵遮风挡雨的古屋，依旧是青村人早起晚归的所在。细品之，这一砖一瓦、一檐一角之下，蕴涵的是青村乃至奉贤这千年的滋味所在。

身为一名文史作者，每至一处，每入一巷，总会最先关注这个镇子的历史痕迹。眼前的青村老街，原身便是青村港镇，更早些年则叫作青溪，因为便捷的水陆交通，而成商贾云集的繁华街市。至今，仍为世人留下一千多米的老街，遗韵犹存，古风尚在。青溪最早的古建筑，其实是一些佛道寺庙与军政设施的组合，如保境禅寺、报恩古寺（赐子庵）、冲和道院、三祝禅院、碧云寺，显然是佛道两教在此处繁茂兴盛的痕迹所在，而明清两代的军政设置，更是镇之核心所在。

明洪武年间，曾在当时的青村城（今奉城镇），设立守御青村中前千户所。到清顺治二年又在青村所址设立提标青村营，至清末方改为绿营。而在青村港镇这边，太平天国运动波及奉贤时期，也曾配备千总，配有满洲兵若干，在此驻扎，留下了千总营与满洲弄的历史记忆。

而今，这些建置虽已不存，但行走在青村老街的石板路上，仍可看到与老街相伴的市河，市河与她的若干支流，曲曲弯弯，配以风格各异的古桥，无疑为老街增添了一份水的灵韵。而一条条幽静的特色小巷内深藏的古建名居，更是让人流连忘返，如明朝中期的走马楼与海秀牌坊，明末的张炳官宅、杨高镜宅，清初的王颂岐宅、望江楼等，市况之盛，在当时已然闻名于江、浙、沪三地。

吊脚楼，则是这里的一大建筑特色。什么是吊脚楼呢？其实就是房屋的前半间以河岸为基地，后半间则悬在水面，用若干根杉木作为立柱支撑。所谓半水半陆，其中奥秘，就在于深深插在河里的杉木立柱，即吊脚楼之“脚”是也。

这样的小楼，通常为两层结构，底楼墙壁用小青砖砌成，其余杠梁、板壁、门窗，则悉数为木结构。好客的吊脚楼居民，一般会在底楼会客餐饮，上楼则多为私密空间。传统的吊脚楼，几乎完全为木质结构，可是数十年来，一些居民慢慢地将吊脚楼之“脚”，即那些杉木柱子改为水泥柱子，如今，本为吊脚楼标配的木柱子反而少之又少了。

遥想数十年前，就是在这样的吊脚楼下，静静流淌着青村港清澈的河水，河上篷船穿梭，河边的美丽姑娘，则在水桥的石板上洗刷衣物，水波荡漾、笑声朗朗。夜间则月明星稀、鸟雀南飞，桨声灯影、流水潺潺，配以吊脚楼里的点点灯光，这是何等自在的小镇生活，是历史的风景线，也是文化的留声机。

观音兜，则是青村老街上的另一道风景线。读过《红楼梦》的朋友，或许会记得曹雪芹关于贾探春的一段外貌衣着描写，说的是：见探春正从秋爽斋来，围着大红猩猩毡斗篷，戴着观音兜，扶着小丫头，后面一个妇人打着青绸油伞。

这里的观音兜，其实是明清妇女所戴的一种挡风御寒之风帽。因后沿较长，披到颈项后面直达肩膀处，类似佛像中观世音菩萨头上所戴的兜帽式样，且颇具雍容雅致之感，故得此名。后来，这个词便被用在江南民居之上，常指一种山墙、门头的建筑形式，即在墙头上盖瓦做背平面，样子有点像观音的兜帽。

而到了近世，随着西风东渐，观音兜的建筑样式，又与来自德国的巴洛克式相结合。在原观音兜山墙中间削成一半圆，然后再呈网兜状施建，这便是巴洛克式观音兜。

在青村的杨高镜宅，我们还能看到这样的观音兜，且观音兜的图案尚清晰可见，为一只展翅飞翔的蝙蝠，古人以“蝠”与“福”谐音，故借此寓意福禄寿喜、洪福吉祥——由此可见东西文化在此间的融合，是如此浑然一体。而这，亦是青村古建筑的韵味所在。

青村古称青溪，成型于元代，发展于明代，鼎盛于清代，繁荣于民国时期，距今已有 1400 多年历史。清雍正年间称青村港，民国始称青村镇。

主要街巷皆与河流走向保持平行，次要的巷弄则多与河流相垂直，而河街之间的相邻关系又可分为单侧有街、双侧有街和夹水而居三种类型，形成了布局灵活、空间丰富的景观特点。

院落之间，明巷暗弄密布，陌生游观者，如入八卦迷阵。老街区历史建筑形成的“一线天”“吊脚楼”“水上人家”“空中走廊”“巨形观音兜”“石板街”等成为风貌核心区内的古景奇观。建于明代的古镇地下排水系统，布局合理、科学，虽经四五百年历史沧桑，至今仍畅流如初。

青村天主堂

青村天主堂于清光绪九年 (1883 年) 修建于青村港镇北顾家堂 , 后迁至青村港西市网船浜。初建房八间 , 后改名为“青村天主堂”, 又名“诸圣堂”。

民国二年(1913年)又加建十六间,并在堂右侧设钟楼一座,内悬三十斤大钟一座,每日报时。1964年关闭。

1989年8月,上海市有关部门拨款13.1万元重修,并在残存的160平方米基础上向南扩建96平方米。

1990年3月19日,举行了复堂仪式。现定为奉贤区不可移动文物(登记)单位。

据传，嘉靖皇帝念张氏父子为大明四朝命官，劳苦功高，因陶宅当时地近东海之隅，且张弼号张东海，故而把张氏父子称为东海之秀，特建“海秀坊”一座，以表彰其功绩。

海秀坊

海秀坊，位于青村港镇西市，建于明嘉靖年间，三横四柱石坊，宽约12米，高约8米。大部分已毁，现尚存东侧一横两桩，虽经五百年风雨侵蚀，但玲珑多姿的浮雕仍然可见。

在江南建筑中，砖雕门楼多造于进户大门或天井前。门楼的砖额多请名人书家题写。门额一般多有年款，是推断门楼建造时间的重要参考。所谓砖雕，就是用凿子和刨子，在质地细腻的青砖上，运用平雕、浮雕、镂雕及透空雕的多种技法雕凿而成。砖雕技艺还广泛用于门罩、门景、门楣、贴面、垛头额枋、塞口墙、照壁、照墙、神龛、围墙、大厅隔墙、砖细坐凳栏杆等处。

杨宅

杨宅，又名“杨高镜宅”，位于青村老街中街 18 号，清举人杨昆高建。坐北向南，原有四进院落、临街店铺，面阔三间二层，进深四间，硬山顶小青瓦屋面。东西两侧山墙设大型观音兜。入内经围墙及石库门。二进宅楼，砖木结构，两层一正二厢；三、四进为面阔三开间房，硬山顶小青瓦屋面，总面积约五百平方米。尚保留原始檐门头一座，在整个青村镇范围之内难得一见，亟待修复保护。现为奉贤区文物保护（登记）单位。

钱孟生宅

在青村港镇中市，东起走马弄，南至市镇街面，西与杨高镜宅为邻，北至育婴堂（今新群路北侧）。东西宽 21 米，南北纵深 70 米，占地及建筑面积分别为 1400 平方米、1260 平方米。

宅第由四棟建筑组成，一至三棟建于晚清，四棟建于清末民初。钱孟生宅建材选料讲究，木材大部分为美国花旗松。

一棟为门面房，除屋面外其余全部为木结构；二棟花式椽架梁枋雕花设垂脊置防火墙；三棟重檐回廊，其花式栏杆、花式楼梯造型考究，花纹雕刻精细；四棟为口字形平房院落式。

现为奉贤区文物保护点及奉贤区优秀历史建筑。

通转走马楼

明嘉靖年间，徽州一陈姓商人看中东起三祝禅院、西至义昌弄（后来地名）的这块地皮，买下建造了两个庭院的二层楼建筑，中间弄堂宽畅，陈家人常骑马来往，因此楼称“走马楼”，弄称走马弄，又称“通转走马弄”。

清同治年间，陈家败落，走马楼建筑分别转卖他人。据传，走马弄遭多次回禄之灾，现存建筑只是当年走马楼的一小部分。

望海楼

望海楼

望海楼坐落在青村镇中市，三开间三层楼房，为当时青村地区最高建筑，因而远近闻名。该楼约于民国初期由驳岸里吴氏所建。吴姓为当年青村望族，特从上海市区购来美国花旗松等建材造了此幢大楼。因其为镇上独一无二之楼，登高可望江河大海，故名“望海楼”。初建时，此楼为镇上一大游乐场所，开过赌场，后又辟为茶园、书场等。1949 年后，一直为茶园、书场，兼作旅馆。

张炳官宅

张炳官宅位于青村老街东街 56—64 号，坐北向南，一进二楼五开间，东西各有厢房，中设庭院。建筑小青瓦屋面，两楼各设垂脊，硬山顶，山墙设观音兜，木质雕刻精美，整体面积五百多平方米。2017 年 5 月 15 日被列为奉贤区文物保护点。

南园雾景

农历三月初三，春和景明，万象更新，正是踏春好时节。关于踏春，孔子描述为：“暮春者，春服既成，冠者五六人，童子六七人，浴乎沂，风乎舞雩，咏而归。”令人有一种如沐春风的舒畅感觉。

上古之时，人们特地为“三月三”外出踏春设了一个“上巳节”。到了中古唐宋，“上巳踏春”又加了“曲水流觞”，从文人雅士到姑娘小伙，都会在“上巳节”这一天到溪水边临水宴饮、把酒言欢。而到了21世纪的上海，红男绿女，黄发垂髫去何处“上巳踏春”就成了一个问题。若跨省出游，则颇为不便。

因为，在钢筋水泥成林、车水马龙喧嚣的“魔都”市区，可游的园林屈指可数，人满为患。公园草地也似“人头插蜡烛”般紧张。故而，在近郊找一静怡处，能在古镇、小桥、流水旁曲水流觞，又能在园林、

雅景、古建中沐春而咏，就成为春游春的首要之务。

而离上海市区车程一个半小时的奉贤青村古镇，就是一个距离适中，环境舒适，又能曲水流觞，又能游园悦目，又能沐春而咏的好地方。在青村古镇上还有一座百分之百按照元代园林史料恢复建造的江南园林——南园。

此园依托青村古镇临水的自然景致，加之江南园林的亭台楼阁、戏台中庭的人造景观等配套建筑，古色古香，格调雅致，曾小巧玲珑，但五脏俱全，是近年来上海郊县中新建的古典园林中的经典之作。

南园，原名“云所园”，原建于元至顺年间（1330 年），为元代松江八大富豪之一的陶于权私宅。是奉贤有史以来记载的最早私家园林。据史料记载，园中以竹、松、梅为园植特色，中有涧水、园桥、园湖、花石、亭台、楼榭，每每春花秋月之时，游人如织。至明嘉靖中，遭倭寇袭扰被毁。

有诗云：“溪上园林触目鲜，雨余分野物华妍。瑞烟晴罩柳轻曳，迟日暖烘花欲燃。古桧当轩缨珞堕，短松跨道翠屏联。昔年乔木多摇落，独有遗芳越世传。”

近年来，乘着青村古镇全面修复与优化工程的东风，在奉贤区和青村镇政府的大力支持下，南园这座元代江南园林又“按史而建”重现在古镇上。

当人们从青村古镇入口沿着碧波荡漾、疏通一新的环镇河岸向西步行 500 米，穿过修缮一新、烟火浓郁的古镇街巷，在河岸边的望海楼茶室对面，就会感觉眼前一亮，一座秀气玲珑的园林——南园出现在眼前。

一进园门，是数块用上等太湖石堆砌的 “崇山峻岭”，其风姿是峰峦层叠，气势磅礴，宛如元代山水画，上书“南园”二字。园中南北两面是复建的传统江南四合大院宅地。中间为一处豁然开朗的院地，分别按照南园古籍中的记载，种植了修竹、古梅、怪松，将院子包围起来。向左走去，是一段全砖木结构的曲槛回廊。廊中有隔墙，墙上有窗洞。

游人进入回廊，从窗洞中看院景，一面是假山、山石、花卉的园景，一面是白砖、黑瓦、窗洞的古建，犹如一幅幅分门别类的文人小品画。 从回廊转出，就是南园最有特色的“沐春而咏”的明清古戏台——一座木结构的原汁原味的仿建戏台。

在古代，戏台是供文人对诗、伶人演出京昆戏曲的高雅文化场所，也是平民百姓听书看戏、社戏娱乐的活动中心。戏台由一楼二楼的群体建筑组成，中间数十根廊柱支撑起了传统的四梁八柱结构，是上海地区少数的木结构传统戏台群体建筑。

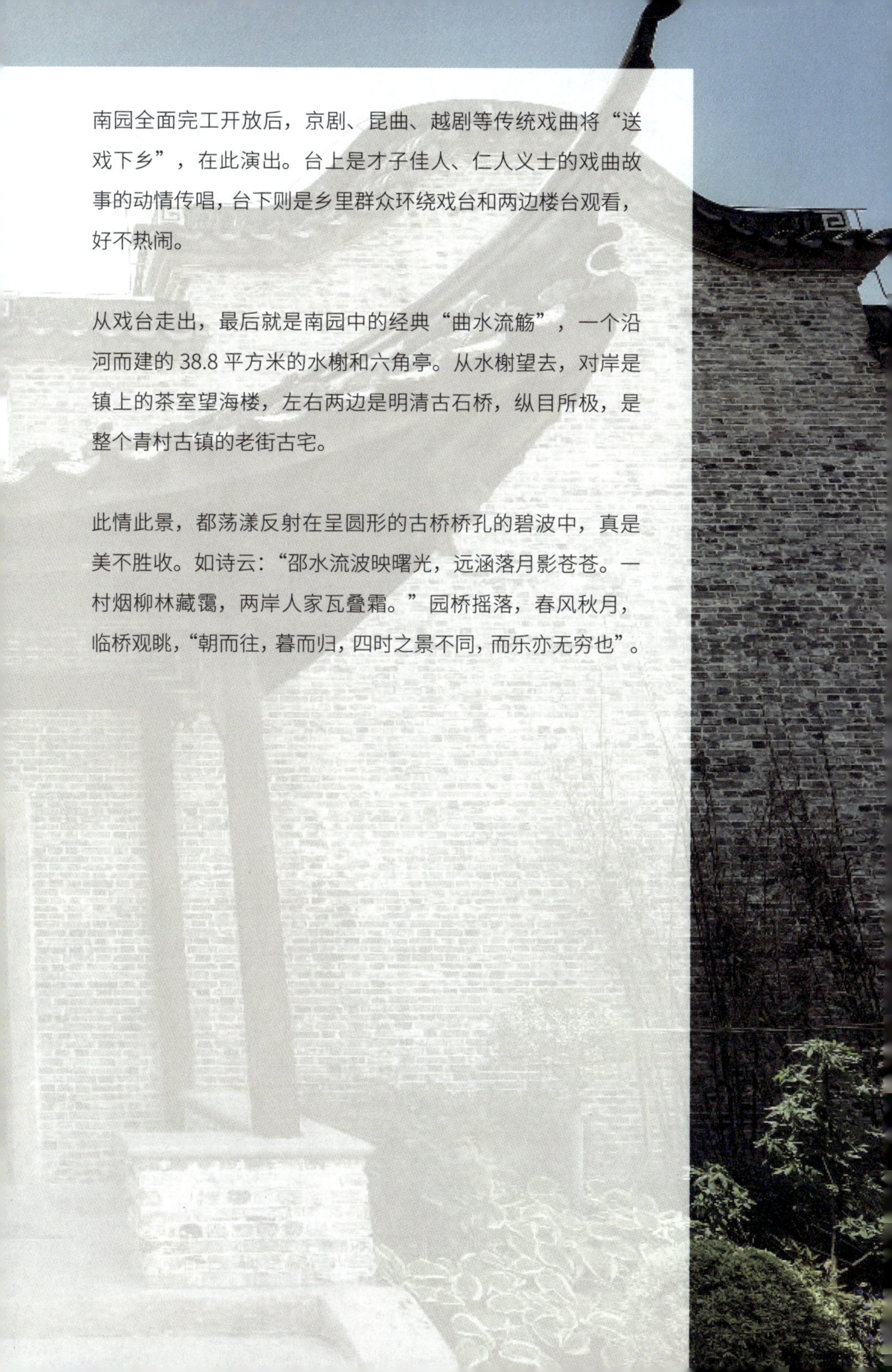

南园全面完工开放后，京剧、昆曲、越剧等传统戏曲将“送戏下乡”，在此演出。台上是才子佳人、仁人义士的戏曲故事的动情传唱，台下则是乡里群众环绕戏台和两边楼台观看，好不热闹。

从戏台走出，最后就是南园中的经典“曲水流觞”，一个沿河而建的 38.8 平方米的水榭和六角亭。从水榭望去，对岸是镇上的茶室望海楼，左右两边是明清古石桥，纵目所极，是整个青村古镇的老街古宅。

此情此景，都荡漾反射在呈圆形的古桥桥孔的碧波中，真是美不胜收。如诗云：“邵水流波映曙光，远涵落月影苍苍。一村烟柳林藏霭，两岸人家瓦叠霜。”园桥摇落，春风秋月，临桥观眺，“朝而往，暮而归，四时之景不同，而乐亦无穷也”。

青村老街傍河依水，小街盘曲。主要街巷皆与河流走向保持平行，次要的巷弄则多与河流相垂直，而河街之间的相邻关系又可分为单侧有街、双侧有街和夹水而居三种类型，形成了布局灵活、空间丰富的景观特点，反映了传统江南水乡老街与河流的格局及风貌。

市河两侧的民居楼临水而建，老街保存完整、遗韵犹存，古桥、庭院、吊脚楼、石板路，看似破落，却呈现原汁原味的上海水乡特色。

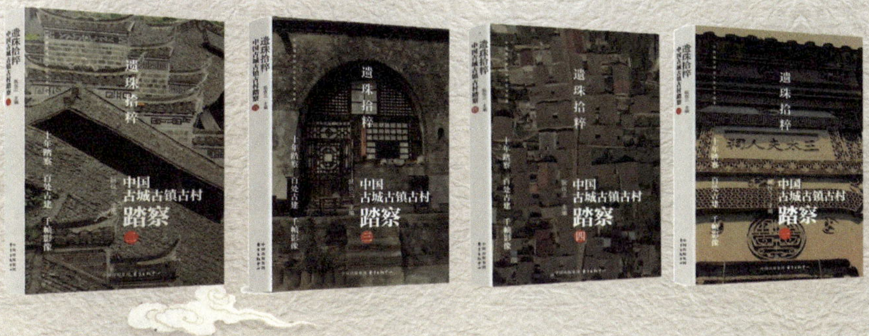

2021 年 4 月，“青春万岁 心旅摇篮”——阮仪三新书发布会暨青溪老街更新与发展主题论坛在“陶溪八景”之一的老街南园之青溪会客厅举行，受邀的八方宾客于古今穿越间，见证了大美青溪的精彩蝶变。

移步换景

吊脚楼

泛舟静静流淌的溪水中，欣赏两岸错落有致而鳞次栉比的吊脚楼，每个人心里都会生出莫名的感动——这是人类和大自然和谐相处创造的杰作，时光赋予了她丰富的人文内涵和浓厚的历史气息，在这里你不会被时间追赶。

水桥与码头

杨世昌水桥（又称青溪码头），位于青村港中市，街南，因水桥北面有杨世昌布店而得名。

水桥上面有遮棚，供人洗涤、上下船客人遮阳防雨之用。水桥码头南面平，方便停靠船，东西两面阶梯形，供人洗涤取水。

观音兜

“观音兜”是古时妇女用的一种风帽。因帽子后沿披至颈后肩部，类似佛像中观音菩萨所戴的帽子式样，故名；也类似于渔民捕鱼的网兜，在民间有祈福保佑的寓意。

至今，山墙顶部的“观音兜”上还有清晰可见的图案。其中一处是栩栩如生、展翅飞翔的蝙蝠。因“蝠”与“福”谐音，蝙蝠在民间被视为吉祥物，蝙蝠飞进家，寓意纳福迎祥、福就在眼前。这些寓意留存在古老的建筑上，意味深长，都是古人的一种美好向往。

游青溪新八景

一直想去看青溪老街，
看青溪老街的什么景？
功课做了一周，
最后决定去看看青溪新八景。

从继方桥那里进的老街，
先在“西市文星”，
后至“东芦鱼灯”，
一路有“草圣贤坊”
“望海闻钟”
“曲水中和”，
跨过南虹桥往南是“南园雪霁”，
往北是“青溪老街”
和“北源繁华”。

八处佳景，一路寻访。

先在草圣贤坊伫足良久。此坊位于老街西市，高 8 米，宽 12 米，据说是明嘉靖皇帝为表彰张弼父子辅助治国有功，且书法造诣深厚，而下旨所建，唤作“海秀坊”，这与张弼晚年号“张东海”有关，暗寓称赞之意。

在坊前可以观瞻，可以追思，也可以遐想。贤坊两边有立柱两根，历经五百多年风雨侵蚀，依然挺直、高耸、安然，也因了它们的刚直，中间两根横梁依然平稳、不偏也不斜，这和我心中先贤的形象相似。也或许，是因为张氏三父子及许多出自青溪的先贤们，他们的足迹、思想庇护和引领了这里，才使老街迎风经雨保留至今。

望海楼在老街中间段，楼三间三层，恢宏有势，是老街最高的建筑。楼前有宽大的石砌码头，沿阶而下，可见河水清澈碧蓝，伸手捧一掬于掌心，并拢十指，让其缓缓从指缝间淌下，再归入河流，瞬间，心底仿佛也有清泉微微流动。返身上码头，仰头观楼，白云在楼顶缓缓移动，如轻烟袅袅而过；继续往上，转个身登高放眼，眼前没有大海，大海随着岁月已远去十几公里外，但眼前有河，水波层叠，凝望间，水汽腾空飘摇而上，然后四散开来，朝着正前方大海的方向，悠悠地飘了去。望海楼果真有“望海”的韵味。

从中市的三祝桥跨桥而下，穿过烟雨长廊，永寿桥与南虹桥在汪家桥路上成直角相连，边有拱形小门，进门眼前豁亮，这里是南园，老街最大的建筑。

南园，墙为青砖堆砌，飞檐翘角，青瓦，木雕门窗，木雕横眉，木雕墙腰线。楼外花园中建有戏台，花园里各色花草、大小山石，布排看似随意却又有序。边上还有一个凉亭。

青溪人自古就有看戏听戏的爱好，滩簧、沪剧、越剧甚至木偶戏，剧种剧本多样，剧情丰富多彩。想雪霁晴暖，斜阳和风，就亭中小憩，捧香茗闲坐；或无论阴晴，约三五知己，在此看戏听曲。那时那情，南园最宜。

穿过花园进楼，从木楼梯拾阶上二楼，木质楼板踢踏有声，我走得急了些，下脚重了些，楼板声跟着急促起来，咚咚震耳，只好放慢步子。慢慢走倒也有慢走的妙处，可以一步一停，一步一观，一步一思，任思绪在今古间不断穿梭。

此时，阳光穿透镂空雕花的窗户洒进楼内，成一条条粗粗的金线，金线随着人影移动。我环顾楼间，楼的四周窗户

众多，故不管何时何季，总有阳光随身，感叹建楼人的心胸和智慧。想想看，若人在楼内，或踱步，或看书，或抚琴，或听曲，终日与阳光为伴，就算外面冰封雪冻也是无妨。而在南园，最美的当数“雪霁”日了，冷雪消停，暖阳普照，园中溪水叮咚，楼内红炉温酒，蓬莱仙岛也不过如此也。

回程过南虹桥向北，夕阳西下，月亮悄然挂在东边天空，静静河水中，永寿桥、南虹桥，两桥共映一月。过了桥从青溪牌坊出老街，牌坊下回望照壁，石雕莲子荷花图沐浴在夕阳余晖、清月皓光中，壁后青溪流水，潺潺不断，宛若天籁。

寻源

人文学风

对于青村历史的记述，较为详实的当数清朝人曾羽王的《乙酉笔记》，该书是一部详细记述古华亭地区地理、风土、大事件的民间杂记，具有很高的学术历史价值。书中说，“海滨称文墨之区，必以青村为首矣”，由此可见当时当地以文为尚，读书人非常多。“凡有子弟者，无不令其读书。每遇试期，应童子试者，五六十人。”

青村古镇在历史上为人文荟萃之地，流传下来大量关于青村的史料记载以及民间传说。

张弼，古代著名书法家，有“吴中草圣”之称。其一门三进士，成为奉贤文化史上的一段佳话。时跨元明两朝的袁凯博学有才辩，洪武初为监察御史，极受朱元璋器重。进士黄之隽，为钦点翰林，是清初极有成就的诗人、学者、史学家、戏曲家，为官清廉，德高望重。

青村文风赞

家乡青村港，古称青溪。很多人都说，较之周庄、同里等江南大镇，青溪古镇显得小，没啥逛处。其实不然，清溪虽小，但文化底蕴却丰厚。青溪在唐宋时应属于盐场的一部分，那时文化贫乏。但南宋时，许多北方士族携资金和图书“南渡”来此，青溪一带便逐渐有了读书世家。曲水港边的姚姓医学世家便是那时迁来的。

元代，随着大富豪陶宣车定居陶宅，“树表迎鹤，筑馆求仙”，“遐迩游观者骈臻”。以至天台、无锡等地来了“四先生”，常常相互唱和。文化鼎盛一时。他们为陶宅取八景名、咏八景诗。那时陶宅有西湖、南园、鼓楼、渔港等景点，现在青溪古镇的南园，截取的便是那一段文化。

徜徉其间，怎不令人想起四先生，想起他们的《西湖晓色》《南园霁景》等诗作。“树表迎鹤，筑馆求仙”迎来的还有四川袁介。袁介不但自己诗写得好，其子袁凯还是和苏州高启等齐名的“明初四大诗人”之一。袁凯家族居住在青溪以北，翻建居室改过斋时，邀请了文学家杨铁崖题匾写记。袁凯的《白燕》诗就是在杨铁崖的座上一炮打响的，从此“袁白燕”的诗名便传遍天下。

明末，在青溪的东边，一个“东皋诗社”崛起，涌现出了以吴祺为代表的“云间七子”诗人群体。青溪以南有宋家宅基，宋际、宋庆长兄弟二人崇拜吴祺，拜他为师，所以都精于诗学。宋际著有《青霞诗稿》，宋庆长也刊刻过《鹤沙稿》《鲁游稿》。宋际庆祝六十一岁生日时，捐出资金在青溪镇上造了一座南虹桥。

青溪老街
承贤哲遗风老街访古
崇文

南虹桥跨越的青溪，又称南桥塘，清康熙、雍正年间，这条横贯东西的干河进行过两次大规模的疏浚。第一次是康熙三十一年，由“里人宋际和庄征麒首倡”；第二次是雍正二年，由里人“诸生宋文园等以南桥塘请”。两次疏浚俱由宋家人倡议。而第二次疏浚时，青溪这一段，“里人宋俶业司之”。而宋俶业，就是宋际的大哥宋弼的次子宋仪，当时是位岁贡生，著有《移华堂诗集》。

第二次青村港疏浚后，同样是青溪人的黄之隽写了一篇《浚南桥塘记》，他不无自豪地写道：“之隽里人也！……城郭邑聚，由之以逮；漕粮鱼盐，行旅倍昔矣！”其兴奋程度，不亚于今日地铁修到奉贤来。黄之隽是那个时代家乡最显要的乡贤。他的诗被誉为“如玉生于山、珠藏于渊”。他一生崇拜唐代诗人元结（次山），也曾模仿元结《三吾铭》，为自己的居室题匾为“吾堂”，可见其豪气沛然，如江河贯海……

这些青溪文化的精品，都证明了一个事实，即家乡人是多么地崇尚贤人、渴求文化。明清时，不仅家乡和整个江南一样“文风大盛”，几乎家家都要供养至少一位读书人，而且普通群众也渴求文化：青溪老街上多的是如望江楼那样的茶楼书场，各种戏班、丝竹艺人活跃于大街小巷。

故乡文风之盛，由此可见一斑，只是沉淀在悠悠的青村港里，需要我们用心去探寻。

青村人物赞

唐王勃有《滕王阁序》一篇，其云："物华天宝，龙光射牛斗之墟；人杰地灵，徐孺下陈蕃之榻。"奉贤区域诸多乡镇，能对应得上文中"人杰地灵"四字者，愚以为青村是也。

青村，很多人初见此名，往往望文生义，以为是一个树林茂盛的村庄而已。事实上，早在宋淳祐年间，这里已经是商贾云集的繁华街市。初兴于盐业，青村之名，便得之于盐场航运必经之青溪，大量的运输船只往来及盐民集结，继而成商铺鳞次栉比的东南集镇，如陶宅，便是一时的名镇。朱元璋曾敕谕天下巡检说："朕设巡检于关津，扼要道，察奸伪，期在士民乐业，商旅无艰。"奉贤境内，便有陶宅巡检司。后来倭寇为乱，陶宅毁于战乱。

青村镇继兴，清嘉庆年间的《松江府志·疆域》称："分邑后，舟楫往来如织，百货聚焉，廛闬之盛，遂冠东乡诸镇。"正是这样一个青村，孕育了历史上无数的贤人英杰。元末明初的青村陶宅人袁凯便名入史册。最初他只是一名小小府吏，却在参加江浙名士杨维桢的一场诗会之上，对杨表示赞赏的一首《白燕》诗发表意见云："诗虽佳，未尽体物之妙。"继而呈上自己的《白燕》诗，其诗云：

故国飘零事已非，旧时王谢见应稀。
月明汉水初无影，雪满梁园尚未归。

柳絮池塘香入梦，梨花庭院冷侵衣。
赵家姊妹多相忌，莫向昭阳殿里飞。

此诗一出，满座皆惊，杨维桢亦赞不绝口，由此，“袁白燕”之名誉满江南。到明朝开国之际，他便被举荐为御史。当时朱元璋杀戮功臣甚多，旁人皆不敢言，唯有袁凯大胆进言：“诸将习兵事，未悉君臣礼，请于都督府延（请）通经阅古之士，令诸武臣赴都堂听讲，庶得保族全身之道。”结果，这大胆的建言被朱元璋采纳。

但是，袁凯因事为朱元璋所不满，他只得上朝过金水桥时伪装癫狂病发，逃回乡里，乃有“东海走却大鳗鲡”之语。相传朱元璋不信，派人监视，袁凯不得已，只能匍匐取猪犬食，这才逃脱猜忌，得以寿终。后来民间艺人便拿这一段故事，创作出河北梆子戏《袁凯装疯》，轰动一时，这位青村人也因此为世人所知晓。

而青村才彦远不止此。华亭县史上有著名的一门三进士，就出在青村人张弼门第。明成化二年（1466 年），张弼首中进士。成化十七年，他的长子张宏宜，再拔一筹。弘治九年，他的次子张宏至，完成三元盛事。

当时的嘉靖皇帝，为了表彰这三父子，特地下诏在今天的青村西街，即当时的青溪古镇上，树立“海秀”牌坊，又在陶宅设立“三世司马”“青云接武”牌坊。而张弼又是当时著名的书法家，“吴中草圣”之名远扬——本书另有《张弼颂》一文，在此不再赘述。

到清康熙年间，青村又出一人物，姓黄名之隽。康熙六十年考上进士，到雍正年间还参加了《明史》重修工作，最高官职做到提督福建学政，负责一省的教育文化事宜。后罢官回乡，乾隆年间又有人推荐他试博学鸿词科。

而他最大的成绩，便是担任《江南通志》的总裁，馆设于金陵，出力尤多。这位仁兄，学问还不仅限于科举，对戏曲传奇亦有涉足，杂剧《四才子》、传奇《忠孝福》，便是他的作品。

黄之隽所处时代，恰逢奉贤立县，关于奉贤命名之由来，他留下了那个时代的见解。在《浚青村城濠记》一文中，他说："吾郡诸水以泾港塘汇名者数百，奉贤者泾之一。华亭既分，遂以名其县。"

袁凯、张弼、黄之隽以及"名不甚著、仅著郡志"的四隐士姚汝嘉、华文瑾、杨仁寿、李暲……那个时代的青村，在文人墨客的笔下，是"北宅千灶、珠履三千"，是"云锁烟云、湖集歌舞"，更是"遐迩游观者骈臻于是"，此等盛况，超过当时的南桥等大镇，以至于清朝人曾羽王在《乙酉笔记》一书对此地的评价是："海滨称文墨之区，必以青村为首矣。"

也正是因为这自古而来的崇文风尚，今日的青村老街被很多人誉为浦南最没有商业气、最卓雅脱俗的一条老街。所谓"白墙灰瓦雨如烟，古意石桥月半弯"，游客到了这里，犹如置身于满是书香的历史画卷中，脑海中一篇篇怀古之作徐徐泛起，陪伴着自己在这流水小桥古镇畅游。

海滨称文墨之区
必以青村为首矣

白燕诗人 袁凯

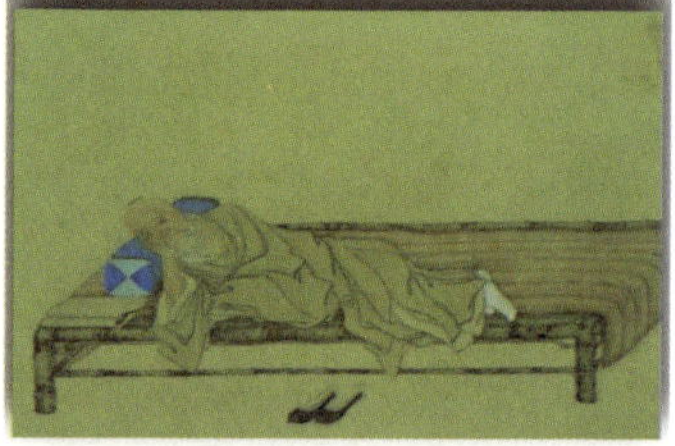

袁凯，袁介之子，学识渊博，才辩超人，元末曾在松江府任小官。明洪武三年（1370年）中举，经人举荐，任监察御史，专替皇帝督察朝政，深得皇帝朱元璋及太子朱标器重，曾当庭建议皇上在都督府开设学堂，为居功自傲的武臣元老教授礼仪。

后皇帝与太子在处决罪犯（实为功臣）时意见不合，当庭询问袁凯，袁持两面不得罪态度，被朱元璋当朝训斥为"圆滑、死无赦"。为逃避一死，袁便极力装疯，回归故里。

袁凯擅长作诗，有"明初诗人之冠"美称。1974年3月，上海市考古部门于原泰日乡国光村挖掘出元代从仕郎浙东道宣尉使司都事朱某之妻孙妙清墓葬碑一块，书写人具名头衔为"赐同进士出身，西将侍郎监察御史袁凯"。

可见，袁凯为三甲进士，另有官衔为"西将侍郎"，官位低微，但权力很大，是一个专门在皇帝和权臣之间走动的近侍官职。

田园诗人 袁介

袁介原籍四川，元延祐初（1314 年前后）定居陶宅镇，年少时中秀才，后屡试不第。延祐七年至顺帝时（1320—1334 年）任松江府椽、检田吏等职。富有学识，善写诗文，接近百姓，其文学著作反映人民疾苦，尤以《检田吏》一篇著名。

《检田吏》

有一老翁如病起，破衲遭颸瘦如鬼。
晓来扶向官道旁，哀告行人乞钱米。
时予奉檄离江城，邂逅一见怜其贫。
倒囊赠与五升米，试问何故为穷民。

老翁答言听我语，我是东乡李福五。
我家无本为经商，只种官田三十亩。
延祐七年三月初，卖衣买得犁与锄。
朝耕暮耘受辛苦，要还私债输官租。

只因嗔我不肯首，却把我田批作熟。
太平九月开旱仓，主首贫乏无可偿。
男名阿孙女阿惜，逼我嫁卖赔官粮。
阿孙卖与运粮户，即日不知在何处。

可怜阿惜犹未笄，嫁向湖州山里去。
我今年已七十奇，饥无口食寒无衣。
东求西乞度残喘，无因早向黄泉归。
旋言旋拭腮边泪，我忽惊惭汗沾背。
老翁老翁勿复言，我是今年检田吏。

谁知六月至七月，雨水绝无潮又竭。
欲求一点半点水，却比农夫眼中血。
滔滔黄浦如沟渠，农家争水如争珠。
数车相接接不到，稻田一旦成沙涂。
官司八月受灾状，我恐征粮吃官棒。

相随邻里去告灾，十石官粮望全放。
当年隔岸分吉凶，高田尽荒低田丰。
县官不见高田旱，将谓亦与低田同。
文字下乡如火速，逼我将田都首伏。

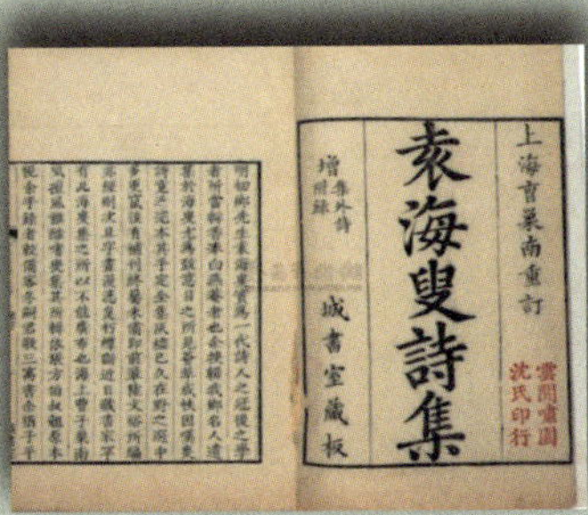

记史 钟薇

钟薇（1528—1611 年），字汝思，号面溪，明代松江华亭陶宅镇西市人，居陶宅。“面溪”是钟薇的号，而很多人误以为是钟薇的字。

钟薇从明朝到现在都有较大的影响，他所撰写的《陶溪旧址记略》是研究陶宅历史的重要文献，而他在七十五岁时完成的《倭奴遗事》，直至今日仍为明史研究者广泛征引。

陈继儒《寿钟封公面溪先生八十序》说：“公不假黄门自重，而人亦不敢以黄门有无轻重公。”正说明钟薇有其自身价值。因其子功绩受朝廷封赠为谏议大夫，故在民间称其为“钟老封君”。

年轻时，尚无文墨，至其子成名后，才开始刻苦攻读，穷搜博览，成为通儒，在苏松一带极有威望，深得当时松江知府、江苏巡抚器重。他著书甚多，有《面溪集》《云间记事野史》《倭乱遗事》等。

但大多失散，唯有《陶溪旧址记略》一文，为研究青村古代史提供了极为宝贵的素材，成为青村镇极为珍贵的历史文化遗产，其功绩名垂千秋。相传，明初因直谏被皇帝当廷杖死的兵部主事钟仲民为其祖宗。

陶宅四隐士

元末时陶宅有四个隐士，即姚汝嘉、华文瑾、杨仁寿、李暲四人。

姚汝嘉，陶宅人，史书称其质朴有古风，读书手不释卷，至老仍刻苦攻读，学识渊博。但轻科举功名，是陶宅镇上最早的教书先生（私塾）。与杨仁寿、李暲、华文瑾结社，寿八十有余。

华文瑾，原籍无锡，积学好古，元至元初（1335 年）曾中举人，但拒绝为官。于元末伴其老母隐居陶宅镇，以教书度日，寿六十二而终。

杨仁寿，原籍天台，精通四书五经，元至顺年间（1332 年前后）定居陶宅镇，以星禽之术自给，授徒里人之巨室陶氏（陶与权）。

明洪武年间（1370 年左右）其子任东昌太守，因酗酒之罪被诛。后主帅见其草书极好，并得其书写墨稿，主帅按杨仁寿之愿，同意放归陶宅故里。其草书仅次于元代书法家伯玑，可惜未留于世间。

李暲，原籍冀北，为元末华亭知县李可壬之子，占籍陶宅镇。李暲博学多才，善写诗文，且精通医术，著有《汤液本草》《稼翁集》等多卷。

以上四隐士，用清代进士黄之隽的话说："名不甚著、仅著郡志（《松江府志》）。"但由于《陶溪八咏》之著，对古代陶宅镇的研究，具有永不磨灭的功绩，因此，黄之隽称四隐士"名高千载"。

黄之隽

黄之隽（1668—1748 年），江南华亭（今上海市奉贤区青村镇陶宅村）人，原籍安徽休宁。初名兆森，字若木、石牧，号吾堂，晚号石翁、老牧。康熙年间进士。五十三岁中举，后中进士。雍正元年 (1723 年) 起，历任庶堂、翰林院编修、福建督学、右中允、左中允等，后被革职。雍正时，曾参加重修《明史》，革职后曾应聘纂修江浙两省通志，任《江南通志》总裁。

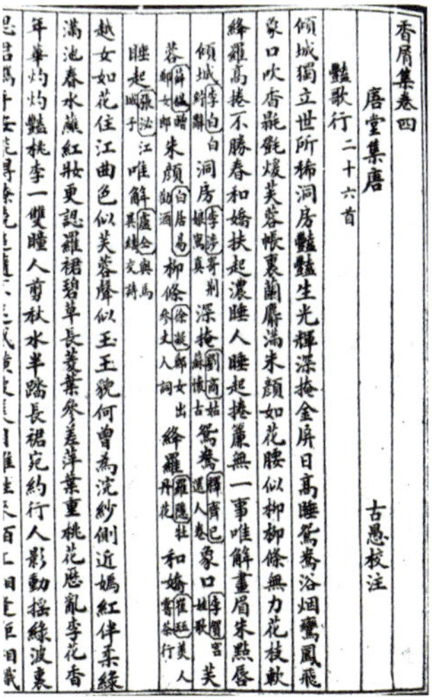

香屑集卷四

唐堂集唐　古愚校注

豔歌行二十六首

傾城獨立世所稀洞房豔豔生光輝深掩金屏日高睡鴛鴦浴烟鸞鳳飛
象口吹香毾㲪煖芙蓉帳裏蘭麝滿朱顏如花腰似柳柳條無力花枝軟
絳羅高捲不勝春和嬌扶起濃睡人睡起捲簾無一事唯解畫眉朱點脣

傾城（李白 白紵辭）洞房（李涉 寄荆娘寫真）深掩（劉商 姑蘇懷古）鴛鴦（齊己 送人）象口（李賀 宮娃歌）芙蓉（[illegible]）朱顏（白居易 勸酒）柳條（徐凝 [illegible]）絳羅（羅隱 牡丹花）和嬌（崔珏 美人嘗茶行）睡起（張泌 江城子）唯解（盧仝 與馬異結交詩）

越女如花住江曲色似芙蓉聲似玉玉貌何曾為浣紗側近嫣紅伴柔綠
滿池春水蕪紅妝更認羅裙碧草長菱葉參差萍葉重桃花歷亂李花香
年華灼灼豔桃李一雙瞳人剪秋水半踏長裙宛約行人影動搖綠波裏

吴中草圣 张弼

张弼（1425—1487 年），字汝弼，家近东海，故号东海，晚年称东海翁。现奉贤青村陶宅人。明宪宗成化二年进士，久任兵部郎，议论无所顾忌，出为南安（今江西大余）知府，律己爱物，大得民和。长于诗文，草书甚佳，被评为“颠张复出”。尝自言吾书不如诗，诗不如文，著有《东海集》。

书法艺术成就杰出，他的同时代或稍后名人称赏其书法不同凡俗。古人曾评述其书法：“东海翁以草书名世，纵横奔走，若风樯阵马，雄锐莫当。盖自狂旭去后，醉墨濡跋之神不复再见。翁起而纵之，笔法传播，往往震荡人心目，虽远至夷服，罔不钦爱。”

张弼是明代前期闻名遐迩的草圣，有“颠张复出”之誉。明代后期书法宗师董其昌甚至认为张弼的行草比狂草更佳。其诗文清健，尤工草书，取法张旭、怀素。往往酒酣兴发，顷刻数十纸，疾如风雨，矫如龙蛇，欹如堕石，瘦如枯藤。更喜作擘窠大轴，怪伟跌宕，震撼一世，人称“张旭复生”。

四方求书者无虚日，甚至海外诸国，都知张东海之名，前来购求墨宝。传世手迹有《草书千字文》《草书登辽阳城诗》等，又有《七绝》诗轴（现藏上海博物馆）。后人搜集其草书，于明末刻板保存，名《铁汉楼法帖》（现藏松江博物馆）。

陶溪八景总咏

【明·张弼】

瞳昽旭日照西湖，
光映南园霁色多，
仙馆百年高士卧，
园桥三月丽人过。
东庵鹤去空华表，
北宅春来长绿莎，
听出黄昏楼上鼓，
隔溪渔火对渔歌。

廉石还乡

明成化二十一年（1485 年），南安知府张弼任期已满，告老还乡。松江郡城西门谷阳桥村口，在临时搭建的芦席棚内，聚集了欢迎的父老乡亲。

传说当时人群中有两名瞎子，胖姓张，瘦姓李，两人议论起已卸任的张知府。张说："当了六年知府，今日荣归，必然财也大，气也粗了。"李说："张老爷为官清廉，我俩早有所闻，恐怕不会吧！"

张瞎子反驳:"俗话说'三年知县官，十万雪花银'，他当了六年知府，该有多少雪花银！"

李瞎子坚信自已多年所闻："官场固然如污泥，然而莲荷出污泥而不染！"争来争去，一个说张知府"是官必贪"，一个说张知府"为官清廉"，谁也说服不了谁。

无奈之下，李瞎子甩出一言：“张老爷如果是贪，我愿在谷阳桥上爬上十八圈。”张瞎子不示弱：“如果张知府清廉，我也愿在谷阳桥上爬上十八圈。”赌是打了，问题也来了，怎么证明“贪”与“廉”呢？

正好，张知府的官船徐徐驶入村口，张瞎子听闻，立即开口：“证据有了！”他叫来自己的孙子金官，如此这般地叮嘱了一番。金官领了任务，跑向官船，迅速返回，张瞎子问：“轻船还是重船？”

金官回答：“重得很，船舷快要碰着水了！”张瞎子转向李瞎子说：“你，输了吧！”李瞎子不信，他问金官：“是小船还是大船？”金官答：“大得很，像一座房子！”

张瞎子得意地笑道：“唉，世上无官不贪啊，总算今日又一次证实了。”但是，李瞎子还是不信，说：“金官，你到船上看一看，老爷装了哪些宝贝？”金官应声又去了。

这时，张弼在乡亲们的簇拥下，向人群走来，看见两位瞎子长辈，连忙问好。

张瞎子厌恶官场权势，劈头就问：“张老爷荣归故里，今回肯定满载而归吧！”

张弼笑答：“当然，当然！”

这时，三不信的李瞎子也不得不相信了：“如此说来，老爷在江西搜罗了不少财富、特产，能否让乡亲们开开眼界！”张弼哈哈大笑：“这江西财富、特产既无用，更不能吃，让乡亲们失望了！”乡亲们齐声发问：“那是什么？”

这时，金官跟大家说：“是一块巨石”乡亲们不解：“千里迢迢，载石头返乡，是何道理？”

张弼解疑：“一路回归，狂风恶浪，如不以石头压舱，恐怕颠翻江湖。”原来如此，众人齐呼：“千金难买廉石归呐。”

张弼之子：张宏宜、张宏至

张宏宜，字时措，号後乐，官至广西按察副使。词翰得其父遗法。尤长于署书，居然朱晦翁（熹）体。

张弼二子，王氏所生，明成化十七年（1481 年）进士，曾任海宁县令、南京御史、广西兵备副使等职，史书称其为“所至有治绩”。后在征战中积劳成疾而终。

明嘉靖年间移居松江，为张泽镇先祖，据《张泽志》称，镇名由其居住而立。

其重孙张以诚，为明万历二十九年（1601 年）一甲一名进士，即状元。

张宏至，字时行，号龙山，直隶松江府华亭县人，明朝官员、同进士出身。

张弼三子，明弘治九年（1496 年）进士，改翰林院庶吉士，授兵科给事中。弘治十二年，屡次弹劾淘汰兵务。

明武宗继位后，担任户部给事中出使安南（今越南），返回后任都给事中，因母丧丁忧回乡。任中递呈朝廷奏章时言词恳切，为皇帝所重。

后奉使安南和谈成功，从此边界安宁，特获皇帝一品绣袍嘉奖，并在陶宅镇专为其立“青云接武”巨型坊表一座。

张弼父子三人均为名宦乡贤，松江醉白池《云间邦彦画像》，父子三人皆入列。

张弼颂

扬子江头几问津，风波如旧客愁新。
西飞白日忙于我，南去青山冷笑人。
孤枕不胜乡国梦，敝裘犹带帝京尘。
交游落落俱星散，吟对沙鸥一怆神。

这是明代诗人张弼的一首七言律诗，名为《渡江》。诗句中不难看出羁旅的愁苦、客子的孤独、乡梦的萦绕以及敝衣的风尘——一位故旧星散、怀乡思亲的诗人形象跃然纸上。

有充分的理由相信，在扬子江头沉吟的张弼想起的应该是故乡，是那条蜿蜒穿城的清溪，还有老树、庭院、石桥、人家，弥散着生活氤氲的故乡青村港吧。

那么，这位羁旅愁怀的张弼，到底是何人？史册记载：张弼（1425—1487 年），字汝弼，家近东海，故号东海，晚称东海翁。松江府华亭县（今上海奉贤青村镇）人 。

明宪宗成化二年（1466 年）进士，久任兵部郎，议论无所顾忌，出为南安（今江西大余）知府，律己爱物，大得民心。长于诗文，草书甚佳，被评为“颠张复出”。著有《东海集》。

史册的记述过于简明，借着开篇的诗情愁绪，张弼当然是一位卓越的诗人。仅就《渡江》而言，明代著名书画家董其昌赠以“海内名士”之称。他在《画禅室随笔》的记载如下：“张东海题诗金山‘西飞白日忙于我，南去青山冷笑人’，有一名公见而物色之，曰‘此当为海内名士’。”

以“忙于我”写日之东出西没，化己之北行为山之“南去”，俱陈字见新，平字见奇处，诗思之妙，令人叫绝。而“青山”竟会“冷笑”，更足以语惊四座。其中“冷”字下得最有力度，青山意态之冷峻，正见诗人于羁宦之不自堪也。凭此二句，确足可担当“海内名士”之名。

张弼尝自言：“吾平生，书不如诗，诗不如文。”但与张弼交好的著名内阁首辅、茶陵派诗人李东阳对他的评价是：“英雄欺人每如此，不足信也。”而另一位文学家谢铎称其好学不倦，诗文成一家言。

《四库全书总目》的评论则肯定李东阳的评价：“其文则直抒胸臆，不事锻炼，李东阳《怀麓堂诗话》载，弼自评其书不如诗，诗不如文，以为英雄欺人之语。诚笃论云。”

张弼最为人称道的应该是书法。史书记载其：为诗，信手纵笔，多不属稿，即有所属，以书故，辄为人持去。意思是张弼写诗信手拈来，甚至草稿也不打。就算是打了草稿，因为书法的缘故，经常被人拿走。这可以算作一位诗人的无奈，或者一位书法家的自豪吧！

但愿东海一点墨，
胜过钱塘万两金。

不过，在书法领域，尤其是草书，张弼被尊为“吴中草圣”。就连《明史·文苑传》也丝毫不吝赞美之辞，称张弼：“工草书，怪伟跌宕，震撼一世。”“酒酣兴发，顷刻数十纸，疾如风雨，矫如龙蛇，欹如堕石，瘦如枯藤”，更喜作擘窠大轴，怪伟跌宕，震撼一世，人称“张旭复生”。四方求书者无虚日，甚至海外诸国，都知张东海之名，前来购求墨宝。

据传，当时有位钱塘知县曾经慨叹：“但愿东海一点墨，胜过钱塘万两金。”更有趣的是，张弼在任南安知府时，每到议功论赏时，军中将士无论是一介武夫还是马前兵卒，都宁愿放弃金银而换取张弼的一纸书法。张弼则往往爽快答应。此举既得兵将欢欣，又为政府省下大笔犒赏，两全其美。

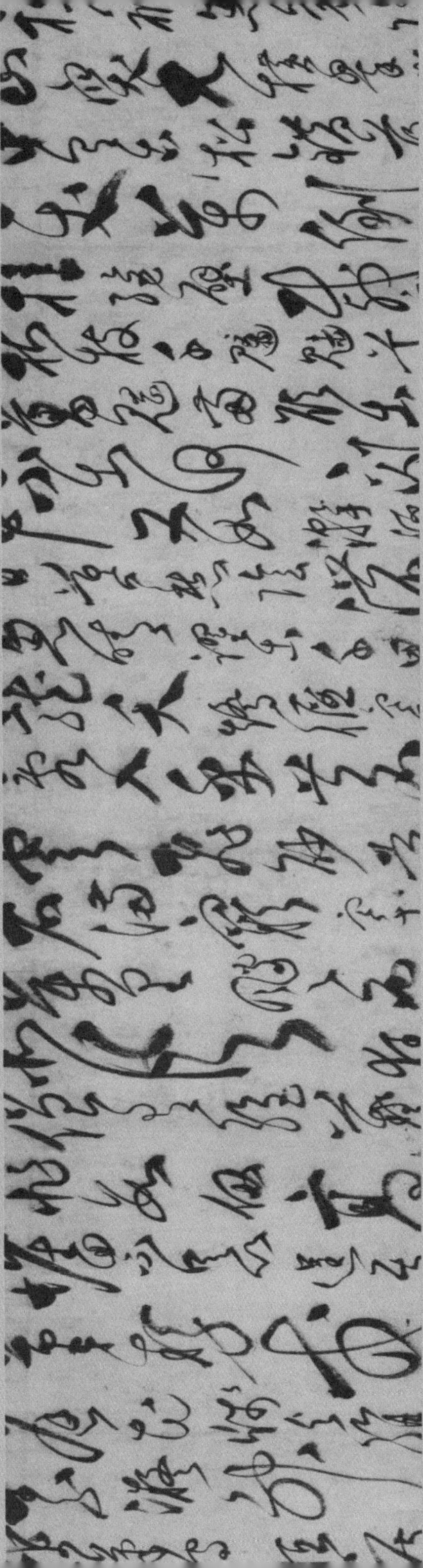

张弼的传世手迹有《草书千字文》《唐诗七律卷》《草书登辽阳城诗》等（现藏故宫博物院），又有《七绝》诗轴（现藏上海博物馆）。后人搜集其草书，于明末刻板保存，名《铁汉楼法帖》（现藏松江博物馆）。然而，最能说明张弼性格或被后世景仰的原因还在于其官任上的作为，或者可以用“直、能、廉”来概括。

先说“直”。张弼四十一岁时终于以草根的身份考中进士，但在出任兵部员外郎期间，却作《假髻篇》讽刺当时权贵，因而遭受排挤，被贬为江西南安知府。饱读诗书的张弼不会不知道这其中的风险，但或许他有为天地立心的使命使然吧。

再说“能”。谪贬南安知府的张弼，开启了发挥政治才能，实现“为生民立命，为万世开太平”的管理实践之路。

史册记载：南安地当赣粤要冲，亡命者聚山为盗，久为民害。（张弼）到任后，先后捕灭。大庾岭为客商货物往来通道，当地人民从事运输，赖以为生。后为广东南雄豪霸侵夺，民众失业贫困。张弼请准江西、广东二藩司，予南雄、南安两地民众中分其利。

岭路狭隘险峻，难于行走，就将所得商税，雇工拓宽路基，砌道，架桥，长达三十里，岭路畅通。荒年，开仓平粜，救济民众；时疫流行，延请名医，为民治病。

南安府所辖的南康县，民俗好讼，则严惩首恶，杀其刁风；禁诬告，反冤狱。创立“射圃”，亲自教民习武，以备盗寇；建社学，创书院，祀先贤，修郡志，以教化南安士民，习俗为之一变。告归之日，老幼攀辕而送，为建祠塑像。

根据1936年上海县修志局出版的《云间杂识》记载：“张东海作《假髻曲》，讽刺时贵，当路衔之，出守南安，不得调而归。邵二泉作挽诗云：‘张公不作南安守，只说文章止润身。满路棠阴棺盖后，忌公人是爱公人。’”

张弼因作诗讽当权者而出守南安，为官时颇著政绩，甘棠之思，正是他的盖棺定论，所以说“忌公人是爱公人”。或者是用来验证那句话：人生路上所有困难与逆境的出现，其实都是为了造就一个真正的勇者！

再说“廉”。据说张弼这位知府大人归乡的航船吃水颇深，引发百姓的议论和猜测，甚至有人打赌其必是敛财无数的贪官。然而在青村港的码头上，当行李一一取走后，舱底赫然躺着一块块巨石。

面对众人的疑惑，张弼笑着说：一路回归，狂风恶浪，如不以石头压舱，恐怕颠翻江湖。众人惊呼：这真正叫作千金难买廉石归呐！原来，这是一块张弼在南安带领百姓修路时发现的巨石。石头形制修条，有凌云冲霄之势，张弼因此命名之凌霄石。

现在这块跨越千山万水的石头被众人命名为“廉石”，成为张家后人的传家宝。1931 年“廉石”被捐赠给上海松江醉白池公园，至今仍在。

时至今日，五百余年过去了，青溪缓缓流过，老树葱茏，石桥斑驳，斯人已逝，但他的书法和诗文美学，他的清廉，他为官一任、造福一方的责任感，以及为天地立心、为生民立命、为往圣继绝学、为万世开太平的使命感，仍丰盈和激励着后人。

望闻问切

青村中医赞

士大夫的时代，曾流行一句话，叫作："不为良相，即为良医。"据说此语来自范仲淹，也就从那时候起，儒医概念流行一时，很多科举不第者在考场上失意后，转身走上了学医从医的道路。这种传统，在文风早开的青村，亦有很好的体现。青村，此时还称作青溪。

在镇南三里地，有一处名为三聚堂的所在，自明朝天启年间起，便已有顾氏家族聚居在此，世代行医，渐渐成为这一地区的名医世家，出现了顾昌洛等多名名医，其中又以顾氏五代孙顾墨耕的医术最为人称道。白鸟园之名，便与顾墨耕有关，相传他治好不少绝症，救了不少病人，甚至有开棺救人的传奇。

有一个来自海盐县的病家，为了表示感激，就运来几船黄沙，堆在顾墨耕屋后的荒地之上。数年之后，这里竟长成一片竹林，每年春天有无数鸟儿飞来栖息，其中最为常见者是一种白色的鸟。因此青溪百姓渐渐便将此园称作白鸟园。

到清道光十年（1830 年），顾墨耕便将毕生医术撰为《药达》一书。这部书的第一卷已经失传，但是第二卷仍保留下来，记载了一百二十六种中草药，分涩精固脱、明目止嗽、消导开郁、杀虫燥湿、散疡解毒、利水消瘀等类。每药叙述功效、主治、配伍应用等内容，前加"专以"二字，扼要点出该药主要功效、禁忌等。现存抄本（残存卷二），藏于上海图书馆。

顾墨耕去世后，他的事迹在乡间流传开，慢慢神化。甚至说他医术之所以能那么高超，关键在他手里的一根银针，还有便是他的每一个药方里，都会有一味荷叶。这银针和荷叶，便是他早年"桥堍遇仙"所得，所以能治百病。这自然是乡人的附会，但也足见老百姓对这位名医的认可与尊崇。

生活在元末明初陶宅的四隐士之一李暲，也写过一本医书《汤液本草》，但事迹隐没无人知。

陶宅区域真正的名医世家，是延续元明清三代的医学名族姚家。先有姚润祖，在元宁宗至元顺帝时代担任医学教授，学识渊博，医道甚高，名闻当时的江浙两地，传授过众多门生。继而有姚旸，字启明，陶宅人。少时丧父，由其祖父抚养长大，从小立志继承祖上医业。明宣德年间，曾做过福建省莆田县的知县。不久归家隐居，自号柳隐子。到了清朝，更有姚蒙，精通“望、问、闻、切”四诊之法，尤其擅长切手按脉，名闻华亭乡里，被称为神医。

清末民初，虽然西医开始传入，但青村一带能医者仍时有所闻。譬如青村港镇北人吴式金，是光绪年间的监生，他就专治跌打损伤，而且为人大方，给穷人看病往往不收药钱，或是多施药饵。

吴式金的孙子吴昱山，自号笔耕叟，打小就奋志学医，苦读《东垣十书》与《医方集解》，在内伤科领域颇有成就，尤其擅长五劳七伤的医治。他有一门绝技叫作“吴冬术”，即在处方里掺有“冬术”作为医方，更是名闻奉南川三县。即便是后来考上了秀才，他也无意仕途，唯以授医于后辈为快事。他的侄子吴敬修，后来继承衣钵，擅长内伤科，也名闻奉贤县内外。一直传承到侄孙吴枕流，新中国成立后还曾担任奉城人民医院中医科的主治医生。

青村的其他名医，亦不多让。如青村港镇中市人曹蔚若，曾拜清代御医、青浦朱家角的名医陈秉钧为师。他很重医德，出门就诊，但凡涉水处，他有自备小船一艘，对病家简直就是随请随到。而且他还不藏着掖着，收过四十几个学生，大多学有专长。他的儿子曹伯守，内外科融会贯通，也是民国时期医道获得赞誉的良医。

青村港镇东唐家宅的唐月楼，从小勤学苦读得祖传医术和秘方，成年后边行医边深造，医道愈高。他尤其擅长针灸。上海富商管某半身不遂，久病不治，寻访到唐月楼为之施针，竟获痊愈。之后他便在奉南川三县及闵行、七宝等地设施医局，如期前往应诊，在他针下获治者数不胜数，而且唐月楼重医德，轻利禄，老少无欺，贫富同视，所以四里乡邻都对他大为称赞。

正是缘于有如此多的良医存在，早在民国十六年，即 1927 年，浦南中医协会青村分会便宣告成立，这是青村第一个中医团体。曹伯守还被选入浦南中医协会，担任执行委员。两年之后，青村在关帝庙后职业学校内举办了第一次义诊。20 世纪三十四十年代，陆续举办另两次义诊，地点分别在青村辅导中心和程恒昌南仓库。

不过，虽然有这些名医在，新中国成立前，苦于医药诊金昂贵，穷苦人往往只能小病熬，大病躺，急病见阎王，平均寿命只有四十岁左右。健康水平真正大幅提高，还是要到新中国成立后。

新中国成立后较为知名者，便是所谓青村“四看柱”。青村镇中走马弄李楚材，20 世纪二十年代开设私立门诊所，上门求医者络绎不绝，至五十年代，他的疯科已名扬沪浙。慕名求医者纷至沓来，疯科室应接不暇，1961 年春，金山县病人雷某全身瘫痪，卧床数年，不能言语。送至青村后，李楚材组织医治，结果病人五天后开了口，半月后独立行走，两个月后就谈笑风生地回了家。

青村镇南王颂岐，则擅长眼科，运用祖传秘方配制眼药，治愈不少眼病患者 1956 年，三官堂农民戚某双目失明，前来求医。王颂岐为其医治一个疗程，即重见光明。

儿科则首推青村卫生院程玲仙。1961 年，王家大队有位幼儿患急症，病家登门请诊，她背起药箱直奔离镇七八里路的村宅，治疗观察忙到五更。小孩服药后，安然无恙，时已日上三竿，她再匆匆回到卫生院执诊。

外科医术以镇北谢家堂的谢祖迁为高，1952 年，南汇新场镇王姓病人因患肋膜炎久治不愈，医生诊断需作肋骨抽取手术，病人不愿，来到青村求医。谢祖迁对症下药，为其敷药膏、服中药煎汤，没几天药到病除。由此，青村疯科、眼科、儿科、外科就被人称作“四看柱”。

而随着物质、文化生活水平的提高，医药卫生事业的不断发展，人们的寿命也逐渐延长。如今青村镇人口的人均期望寿命已达八十多岁，百岁以上老人亦不鲜见。

古代医家

元以来，青村杏林历代出名医。《青村志》作传的杏林名医有二十一人。其中元代有姚润祖、李璋两人，明代姚旸、姚蒙、姚临三人，清代有顾昌洛、顾墨根、吴式全、翁陛仁、吴昱山、曹蔚若六人，民国有唐月楼、宋正彬、沈引娣、朱风石、李楚材、王颂岐、程玲仙、谢祖迁、吴枕流、 曹伯守十人。

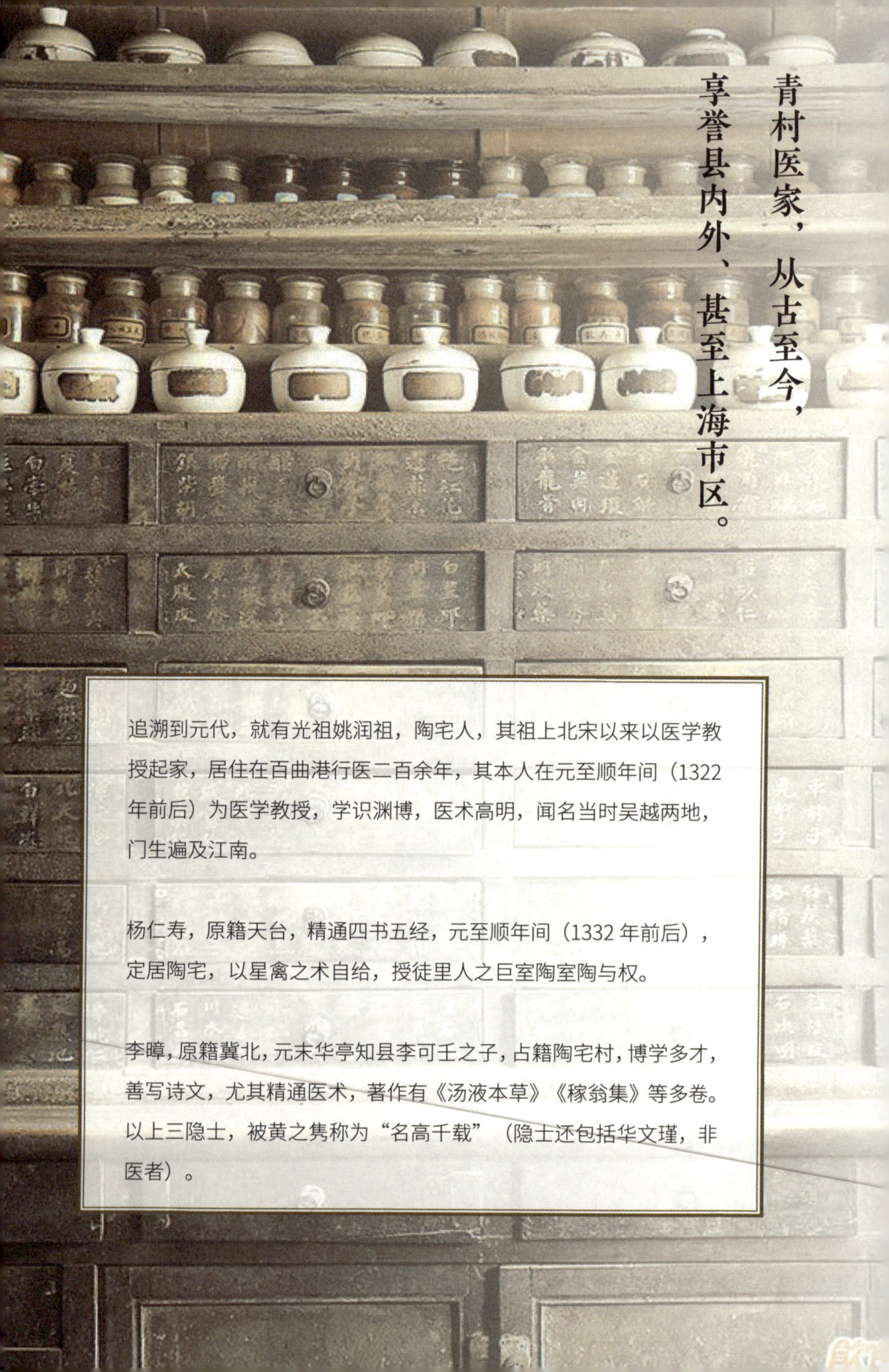

青村医家，从古至今，享誉县内外、甚至上海市区。

追溯到元代，就有光祖姚润祖，陶宅人，其祖上北宋以来以医学教授起家，居住在百曲港行医二百余年，其本人在元至顺年间（1322年前后）为医学教授，学识渊博，医术高明，闻名当时吴越两地，门生遍及江南。

杨仁寿，原籍天台，精通四书五经，元至顺年间（1332 年前后），定居陶宅，以星禽之术自给，授徒里人之巨室陶室陶与权。

李暲，原籍冀北，元末华亭知县李可壬之子，占籍陶宅村，博学多才，善写诗文，尤其精通医术，著作有《汤液本草》《稼翁集》等多卷。以上三隐士，被黄之隽称为“名高千载”（隐士还包括华文瑾，非医者）。

姚旸之孙姚蒙，善医术，尤精太素脉。传说当时巡抚邹来学身患隐疾，私处经常流出污水，从来不告诉别人。姚蒙在替其把脉问诊后告知。邹巡抚大吃一惊，连声说：“神医，神医也！”后姚蒙与其弟姚临隐居于陶宅曲水草堂，以医为业。张弼在《曲水草堂记》中称：“村有著姓姚氏，自宋以来以医学教授起家……世称文献。”

曹蔚若是青村港中市人（1870—1925 年），专内科，早年师从齐贤扶栏桥名医葛连生，后闻青浦朱家角两家有清代御医陈秉钧，又追师而去，拜于门下。曹蔚若医术精益求精，为浦东地区屈指可数的内科郎中。门生四十余人，大多学有专长。

其子曹伯守（1890—1933 年），兼师从中医外科金嘉仁，因此中外科融会贯通、医道颇高。因曹氏医德、医术高超，当时奉贤成立浦南中医协会，被同行推荐为中医协会会员，浦南中医协会地址就设在曹家厅。

青村港民国期间医学人才济济，其中最享盛誉的有唐家宅人唐月楼（1873—1948 年），他从小勤学苦读，得祖传医术和秘方，成年后又不断学习医术，医道愈高，尤精针灸。唐月楼重医德，轻利禄，老少无欺，贫富同视，为乡邻敬重，名声远扬。

有一富商半身不遂时久，慕名前来求诊，得以治愈，感谢万分，邀其迁居上海，月楼谢绝，后仅收一件铜马古物，同赴杭州游览。每逢夏令，唐月楼于奉南川三县及闵行、七宝等地设医局，前往应诊、求医者颇多。其子唐良莹，以文学医，亦有造诣。

在青村港中市女疔疮医生沈引娣（1891—1983 年），浙江宁波人，其曾祖父沈鹤山系江湖名医，专治跌打损伤，上骱接骨，尤善治疗疔疮，在江浙两地行医多年，后定居青村港，开设私人诊所。沈引娣为沈氏第五代传人，善于应用祖传配方，自制药丸、膏药，专治各种名目毒疔，医术颇精、疗效显著，名声远扬。

吴式全，青村港镇北人，专治跌打损伤，对贫困者来就医，好行方便，多给药饵。

翁陛仁，青村东市人，精内科，清光绪年间名声颇著。

吴式全之孙吴昱山，青村镇北驳岸人，致力内伤科，尤精五劳七伤医治。他处方中掺有“冬术”，被人称作“吴冬术”。

吴昱山晚年中秀才，但无意仕途，唯以授医后辈快事，他的侄子吴敬修、侄孙吴枕流，在其教导传授下，医术均有独到之处，内伤科名闻县内外。侄孙吴枕流解放后曾任奉城人民医院主治医生。

顾昌洛曾任清洛阳县县丞，顾以惔曾任清明威将军，亦官亦匪，尤其顾昌洛后裔顾墨根，乾隆年间学医成就，尤精脉枕，顾氏一门三人，名噪一时。

伤科朱凤石（1904—1973 年），祖籍河北沧州，居于青村港南街。1953 年来青村定居。朱氏是武术世家，江湖行医，精于伤科。其曾祖父为沧州绿林好汉，以武为本，专长点穴、卸骨、搏击，重练气，行内功，曾开镖局，镖

号“紫阳”。祖父是拳师，曾中清武举人，先后任团练正教师，金山卫参将之职。其父朱松隐，献艺行医于江浙两地多年，专长一功，时有“神弹子”之称，并有“铜臂铁砂掌”绝招。朱凤石承父绝技，亦擅长一功，以“金弹子”著称。在青村港定居后，设私人伤科门诊，在奉南川三县颇有名气。朱凤石是朱氏武术第四代传人。

四大名医各显神通

民国到新中国成立初，青村港有被称作“四看柱”的四位名医，名扬上海乃至江浙等地。

疯科：李楚材，师从浙江海宁硖石陆念曾，擅长针灸，民国十一年（1922 年），李楚材回到家乡在走弄弄宅内，开设私立门诊所，并在新场、大团设分所。求医者络绎不绝，被病家称颂为“针灸大师”，外省市求医者，必先提前数日来青村港找住房候诊。新中国成立后，李楚材任青村卫生院院长，先后带徒十八人，其子李炳章，女儿李荷芳、李牡芳在其亲自传授下，医术颇佳。

眼科：王颂岐，继承其父王庭松医术，在家里开设私立眼科门诊所，并传授给子王克明，女儿王亚芳。他运用祖传秘方配置眼药，治愈众多眼病患者，广为民众称奇。

儿科：程玲仙，家住青村环龙桥南，从小钻研儿科医术，临床经验丰富，新中国成立后，为青村儿科主治医生，以推拿辅以中药丸救治婴幼儿的乙脑流感、肠炎、盗汗等，中西医结合，疗效显著，医德高尚，诊治细致，对前来就医者不分地区，一视同仁，医愈婴幼儿疑难杂症无数，在民间有极高的名望，她的儿子程培基在上海某三甲医院任教授。

外科：谢祖迁，民国年间在青村港开设私立门诊所，专长医治疮痛，上门求医者广至奉贤内外。有位新场王姓病人，患肋膜炎在上海某知名大医院久治不愈，医生要对其行抽肋骨手术，病人不从，后经人介绍，转到青村港，经谢医生敷药膏、抽脓、服中药，一周内治愈。

除“四看柱”以外，青村还有很多医者。如宋振彬（1893—1969 年），清光绪年间师从南汇新场名医王韵山，清末为浦南中医界推崇，民国初为浦南中医协会会员。民国三十五年（1946 年）任奉贤中医协会医疗股股长、医学研究会副主任。精治儿科疑难杂症，就医期间，慎医疗，重医德，在医界深孚众望，被誉为儿科泰斗，收徒陈良英等二十余人，医术均佳。

其他医者还有外科徐伯年、张一飞，口腔科陶厚英、沈金生（又名沈焕辰）夫妇、葛载新、沈凤珍、米仁柏、于志祥，小儿科陈梅秀，针灸科陈佐才，等等。

品味

大美非遗

当传统民俗邂逅青溪老街，
文化与历史碰撞出惊人魅力。
一声清雅古乐将老街唤醒，
走过岁月长河，
青村的非遗技艺诉说着民俗文化的历史变迁。

清音班

1949年前，青村地区有不少民间艺人，其中有会演奏丝竹的、说书的，还有唱“滩簧”和其他戏曲的。一些丝竹艺人自发组织起“小乐队”，或饭余茶后消遣，或为婚娶寿庆、庙会、节日吹奏助兴，这种班子时称“清音班”。每个班子六七人不等，使用笛子、箫、二胡、琵琶、“尺板”（即“板”的一种）和“碟子”等乐器，吹奏江南丝竹，如“三六”和“梅花三弄”等乐曲。青村地区“清音班”以李窑和青村港镇的几个班子闻名，人员齐，演奏水平较高，常被喜庆人家邀请。

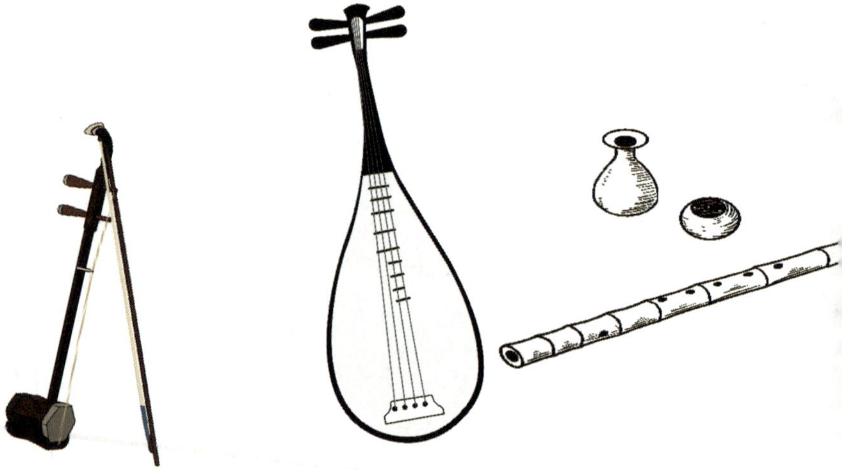

扫码听青音戏

打莲湘

打莲湘，又称打连厢、莲花会，就是表演者手持莲花棒边唱边舞。其莲花棒用细竹制成，长三尺余，两端挖孔档三至四处，每档串以铜线或虎头铃铛，表演时，会发出清脆悦耳之音。据清代《奉贤县志》《青村志》《光明志》《钱桥志》等记载，青村地区元代民间唱曲子、演杂剧盛行，陶宅镇城隍庙、南园西湖边均为演出场所，史有“湖集歌舞”描述。打莲湘自元代经迁徙、隐居陶宅镇的文人或外来民众以歌舞形式在青村地区民间传承，距今已有七百五十多年历史。

钩针

仅凭一支针、一根线，可钩出自由花型、圆型、植物型、动物型等工艺品，在青村地区民间又称作“做花编”。青村地区适宜棉花生产，线材资源充沛，故而纱线纺织成为青村民间的主要劳作方式。钩针在清代及民国期间十分普遍，农家户户都有“花编”。新中国成立后，钩针编织一度冷落，但所幸始终未断，学龄儿童把它当作手工游戏，出嫁新人把钩织物当作嫁妆，已婚妇女将钩织作为一种自娱自乐的方式，钩编出三角围巾、电视机罩、小拎包等物件，中老年妇女则钩编各种毛衣或动物造型的玩偶。

鞭杆技艺

鞭杆技艺，是以国粹武术为基础的一种技艺。鞭杆是武术器械之一，为木制短棍，长度按使用者一臂加一肘长，棍粗（直径）1.8—2.5 厘米。演练中要求手不离鞭、鞭不离身，走鞭换手干净利落，动作有左有右。鞭杆技艺在清末民初时就开始出现，当时集中在钱家桥集镇及周边靠海的几个村落。奉贤地处上海南边一隅，特殊的地理环境使得远近村民以出海打鱼为生，当时战乱不断、匪患横行，渔民为求自保，广泛练习武术，以对抗外来侵害。后经本地与外来武术爱好者的整理演练与传播，日渐发展，以钱家桥为中心后又相继传播至光明塘外等一些周边地区。

剪纸

剪纸在青村地区历史久远，广为流传。工艺以有光纸为主要材料，剪刻成剪纸艺品。其种类繁多，一般以花鸟人物为主。从青村的民间剪纸艺术品来分，主要有以下三种类型：

喜庆　以剪纸来营造喜庆、吉祥、富贵等气氛。用于娶媳嫁囡的，以八吉、双喜、双钱、龙凤、观音送子等内容居多；用于祝寿的，以仙童献寿桃、松鹤延年、老寿星、福禄寿等为主；用于节庆的，大致有刘海耍金蟾、和合两仙、武松打虎、岳飞枪挑小梁王等，地方节上有“荡湖船”“蚌壳精”，一般以虾兵蟹将、才子佳人、五谷丰登等来衬托。

点缀　一般用于服饰、鞋帽、枕头、裙衫、头巾、肚兜、窗花等。

避邪　往往刻成“神像”贴于门上，避灾求太平，或剪“钟馗打鬼”，祈求远离灾难。

新中国成立前，人们向往生活安定，剪纸艺人往往把内容设置在渴求风调雨顺、五谷丰登、六畜兴旺之上。新中国立成后，时代特点更为明显，20 世纪 50 年代，剪纸图案时兴双蝶、鸳鸯，青年向往婚姻自由；“文革”时期，剪纸多以红太阳、忠字图为主题；改革开放之初，有八仙过海、山花烂漫、黑白两猫等内容显示的改革开放形势；21 世纪初，内容则是集中反映新农村、新面貌、新风尚。如今，剪纸作为青村地区的民俗文化艺术深爱当地群众喜爱，全镇各村、各学校都建有剪纸工艺室，艺品的内容更为广泛。2007 年，青村镇剪纸民间手工技艺成功申报为奉贤区非物质文化遗产。

杜瓜粉制作技法

杜瓜，其植物名为栝楼，亦名瓜蒌（以下称杜瓜）。原为野生为主的传统中药材，全身为宝。据《中国植物志》记载，全国栝楼分类条目达 61 种，具有“润肺燥、降火、治咳嗽、清痰结、止消渴、利大便、消肿疮毒”的功效。青村地区受成陆时间限制，其杜瓜粉生产历史仅限于清代开始，乾隆《奉贤县志》称，“瓜蒌根名天花粉归药之属”，这是奉贤生产天花粉的最早记录。

至清末民初，杜瓜粉生产、制作就已普遍存于各村民间。据调查，原青村之唐家村蒋家、杨家，民安村袁家，陶宅村宋家、俞家，李窑村瞿家，以及原三官堂的多个村宅等从事杜瓜粉的生产制作，距今已有八九十年历史，各家制作工艺流程大同小异，一般从采伐根源始至成品包装，不少于十道工序。但由于各操作技艺差异，其产品特色各有千秋。

江南渔技

清乾隆《奉贤县志》称:“一瓜韭鱼蟹之异于华邑者。”说的是奉贤的渔业等之盛不同于华亭县;《民国县志稿》地区域志也称:“淡水鱼以青村镇、三官乡一带产者最为鲜美。”又据清代乾隆、光绪两部《奉贤县志》及当今《奉贤县志》,青村、光明、钱桥三部乡志称,本区域内历史上内河盛产鲫鱼、鲈鱼、黑鱼、鳑鲏等三十多种鱼品。极其丰富的渔业资源,促使青村地域内渔业生产高度发达。

古往今来,青村地区人民或以鱼鲜为口福,烹制出丰富多彩独具地方特色的传统美食。或以捕鱼为业,择为养家主业的根本。千百年来,青村人以日积月累的捕捞经验,上承下传,取得极为丰富又独具江南代表性的捕鱼技艺。古今集镇,无鱼不成市,青村淡水渔市之旺,历来名列各古镇之首,这是大自然对青村人的恩赐。

舟楫往来

宋代，随着盐业生产的发展，商品交换逐渐形成，已有集市贸易。明代，陶宅镇市况空前，陶宅古镇兵焚后，商业贸易中心逐渐南移青溪，运盐河改道，由青村港经屠家湾出黄浦江。

明末清初，青村地区商业又出现生机，青村港镇初具规模，市况渐盛。随着农业、手工业和运输业的不断发展，商业贸易渐趋频繁，行业增多，商品增加，清末民初，为青村港镇鼎盛时期。除本地人外，外埠不少商贩、游民前来本镇开店营业。随着盐业进一步发展，商务繁盛，市况空前，冠于当时奉贤东乡诸镇。

协昌	1871 年	绸布店	杨高镜自房（孙可生）
东祥源	1905 年	南货	西街（吴同兴）
毛万泰	1911 年	面坊	中街 十二坊
东恒丰	1900 年	肉庄	毕家
高铜记	1900 年	鱼行	中街 水桥弄东
张德顺	1927 年	豆腐	原邮局西
鼎裕	1918 年	酱坊	薛香林
仙鹤园	1898 年	茶馆	吴同兴西侧
沈大顺	1930 年	杂货	中街、原废品站
大明星	1925 年	百货	王万茂西侧
东正昌	1860 年	烟纸	原手工业门店西侧
金裕昌	1911 年	砖灰	小石桥西
新新	1928 年	理发	原邮局对面角上
延生堂	1900 年	国药	中街
汪万茂	1900 年	灯伞	中街
陆源顺	1900 年	铁器	原手工业门店
廖桂记	1917 年	硝皮	人民路
南山堂	名号	药店	中街 钱孟生宅
勒昌	名号	绸布	中街
新义丰	名号	南货	卫江泉东侧
聚永丰	名号	饭店	中街 十二坊
程万丰	名号	面坊	南街 南虹桥南面
西恒丰	名号	肉庄	原肉庄
孙鼎泰	名号	酱坊	东街 徐合顺隔壁
共和园	名号	茶馆	小石桥西
久和堂	名号	药店	中和桥 东街

盐 业

奉贤地区历史最长的管理机构当数创建于五代的青墩盐场。据《浙盐纪要·两浙盐场沿革考》记载，五代乾祐年间(948—950年)，华亭置五场，始有袁部、青墩等盐场。宋仍沿袭其旧，属秀州(嘉兴府)华亭县盐监，设催煎官一员。场署(时称监官廨舍)设东皋(今奉城西侧的高桥)场前桥处。

南宋绍熙年间(1190—1194年)，青墩盐场改为青村盐场，隶华亭县茶盐分司。元初，青村盐场改隶于两浙都转运使浙西盐使司，设司立一员，司丞一员，管勾一员。明初，青村等八场隶属于两浙都转运盐司松江分司，场设盐课司，并设盐课大使一员、副使一员。

清康熙四十三年(1704年)，裁松江分司，青村等场改隶嘉兴分司，青村盐务司设盐课大使一员，下属攒典一名、皂隶两名；雍正九年后，增设皂隶两名、门子一名、马夫一名。道光四年(1824年)，恢复松江分司，青村等场复隶之，并建青村盐场公署于高桥城隍行辕西侧。

咸丰十一年(1861年)毁于战事。同治元年(1862年)，盐运使延芹重建场署于高桥西堍。民国初，青村场改为青村分廒、青村场务所，先后隶于松盐运销局、苏五属榷运局、松江盐务稽核分所、袁浦盐场公署等。民国二十六年(1937年)，日军侵奉，青村场署官员潜走他方，场署房屋先后被拆。

民国三十二年(1943年)，青村场务所归钱家桥场务所管理，场署亦迁到钱家桥。自此，直至1961年3月，青村场务所被裁废转产，场署始终未能迁回奉城。

东庐渔灯

青龙港潺潺的水声点燃周围的渔灯
入夜的梦在睡与醒之间驰骋
不见渔网在村头宅边的竹竿上晾晒
野外，一网一网捞起的都是月亮和星星

一座单拱石桥安然地在港上察言观色
三十余米长，二十余级石阶彰显了一百五十多年前的一种造型
桥两边的石栏杆保护着行人的上上下下
碧清的河水摄下古往今来的变迁和生存

登高极目，青村港镇商贾云集、人声鼎沸
弯腰赏阅水上的灯耀帆影
呵！桥栏杆上凿刻着的两条青龙活了、游了、飞起来了
吉祥和福祉，诠释着青村港镇之后的不羁和迈进

东市梢的茅庐和住宅鳞次栉比
古广场、古水井、古建筑保存着多少过往的痕迹
张炳官老宅的那种明清风貌
作为一种文物已写进青村的志，民众的心……

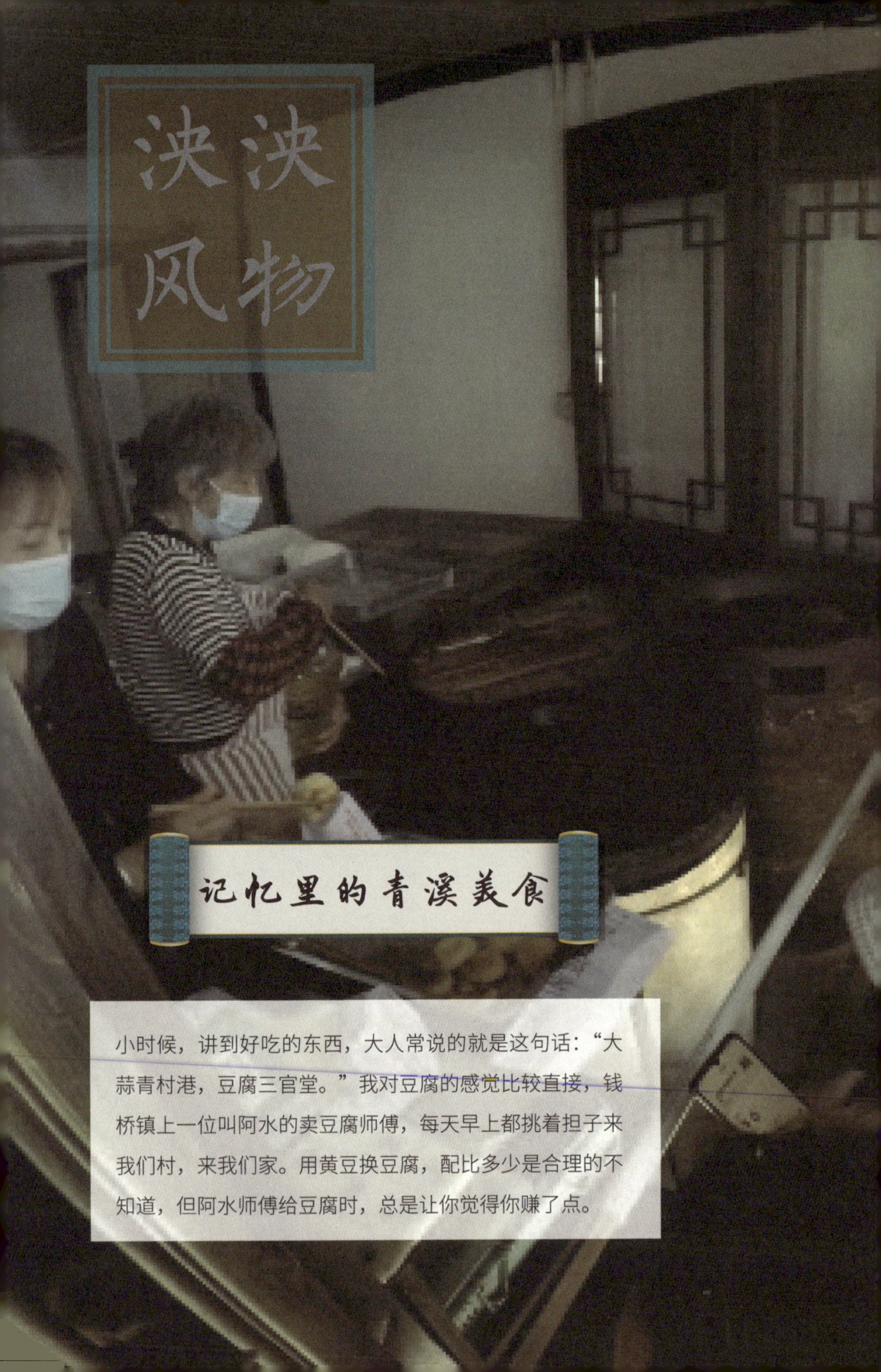

泱泱风物

记忆里的青溪美食

小时候，讲到好吃的东西，大人常说的就是这句话：“大蒜青村港，豆腐三官堂。”我对豆腐的感觉比较直接，钱桥镇上一位叫阿水的卖豆腐师傅，每天早上都挑着担子来我们村，来我们家。用黄豆换豆腐，配比多少是合理的不知道，但阿水师傅给豆腐时，总是让你觉得你赚了点。

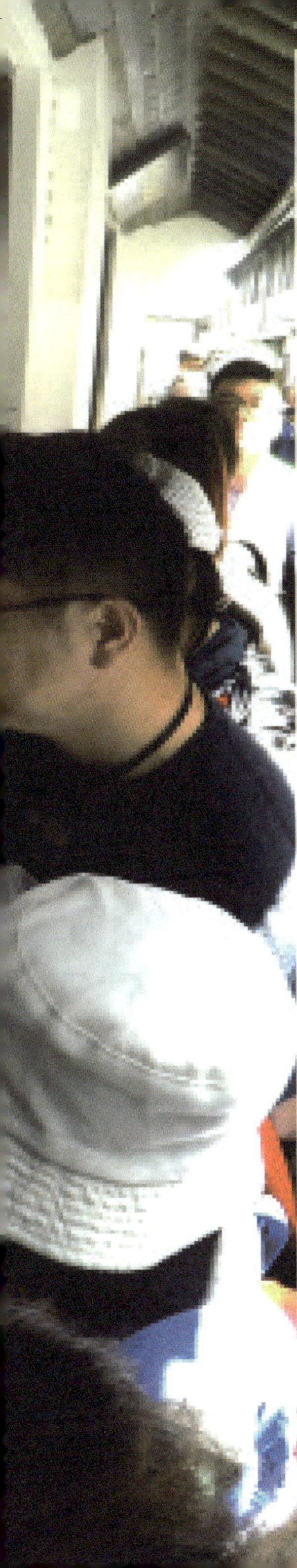

阿水师傅的豆腐如何，老一辈人说很地道，是正宗的三官堂豆腐。老一辈的话，我们小时候奉为圣经，自然认为吃的是三官堂豆腐，嘴里滑溜、心里舒坦，所以越吃越好吃。加上父亲不断地变换着吃法，比如生吃、倒点酱油拌在豆腐里吃，豆腐烧咸菜，豆腐烧鱼汤，豆腐烧田螺等，我也喜欢上了豆腐，以至于无论何时，无论何地，吃到豆腐就觉得吃到了三官堂的豆腐，想到了青村镇的风物，其实这是一种内心的记忆了。现在说到的豆腐三官堂，指的就是家乡的味道，意识的作用比之食物的可口更关键，因为想法会改变你的看法，会影响你的食欲，当然会在精神上左右你对家乡的念想与评价。

我的爷爷喜欢吃大蒜，先是将蒜头剥下来，搁在砧板上切碎，切成末，放在小碗里，再在碗里放一点酱油，最后用筷子搅匀后就开吃。爷爷一口大蒜一口酒的神态我至今未忘，那是一种怡然自得的状态。大学毕业后，做了教师，暑假里、寒假里，不出门的几天，我也喜欢吃大蒜，总觉得爷爷的这个吃法古式、呆板，但纯正、纯粹。爷爷吃的这些大蒜是青村李窑村的大姨送来的。

当年，大姨一个月总要来我们家两三次，来时花袋里总藏着一袋大蒜。大姨拿来的大蒜就是青村港大蒜，这些大蒜比起我们家里种的大蒜有几个明显的特点，一是个头比较大，二是蒜头圆整，三是颜色亮白，四是味道浓烈但不冲鼻。我问为什么我们家里的大蒜不如青村港的呢，大姨说青村港大蒜是从光绪年间开始种的，时间长，味道当然老古。

我问大姨家怎么种的，大姨说首先田要选好，要选地质疏松的土地，还要注意两点：一是通风，二要向阳。播种时，条行要直，间距要适中，施肥疏苗要及时，还需要轮作。听了大姨的话，好吃的原因也就知道了。真想说，好吃总是有原因的，不同的环境孕育了不同的特色。

不少人去青村老街时，会对同游者说，这次，我要好好地吃一吃镇上的“一枝香烧卖”，还要带一点回去，让亲朋好友也见识一下，再好好尝尝。这种笃定的口气与心情，自是源于对一枝香烧卖的信任。

清末，青村镇聚永丰饭店的名厨唐生福相信自己亲手做的烧卖，一出笼是一定是不到一枝香烧尽就会卖光的。事实的确如此，每次烧卖出笼，香点好，等候买的人排成了长队，香未燃尽，卖笼早就见底了，所以你想吃，你想买，一定得赶早。

一枝香烧卖广受欢迎，确实与年代久远有关系，也与名厨制作相关联，而食材的考究更为重要。“一枝香烧卖”选用的竹笋必是上等货色，肉必是新鲜的，皮质必须是薄薄的、匀匀的。火候必须是定时的，连出多少笼也是定量的。就这样敞着良心，合着技术，本着实惠，生意一直很红火。现在到青溪老街兜一转，漏吃“一枝香烧卖”，确实是对不起自己来这一趟，因为别处很难有这样的烧卖。

到青村，还应该吃一两只黄桃，但时间要算准，比如每年的七八九三个月里。这个时候，你得抽空去一次青村镇。青村的桃园有万亩，单是一个吴房村，桃树就有二千二百余棵，吴房村之于青村，不过是十里桃花源，要想领略桃园的粉黛世界，你得有脚力和雄心，跑遍青村镇子，桃树就看完看懂了。

黄桃是什么时候有的，在我的记忆里好像是 20 世纪 70 年代末期。那时候全县的人都在开挖金汇港，金汇港里挖出来的泥土向河岸两边倾倒，很快堆成了山，堆成了丘，这些“山”和“丘”又不断地向两边扩展，延伸到了农家，农人就在那个新堆的泥土之上种上数以万计的黄桃树，二三年就吃到了黄桃。

青村黄桃好看、好吃一定与金汇港两岸疏松肥沃的沙质土壤有关，但村民说主要是黄桃的树种好，也有村民说主要是农科院的专家好，他们一直指导他们栽种与修剪树枝，也有人说是青村镇的领导好，帮助他们宣传、包装、推销。村民们把自己一年四季的辛劳都忘记了，总觉得是土地养人，果树知人，树人合一，有一种民间的感恩与馈赠之情

深藏在里面。

去青溪老街，或者说去青村镇，能看到或吃到的东西有很多，单凭文字介绍作用有限。任何美味，只有亲自尝了才能真切判断，而且人的感受都是人的心理调适的，就如咸淡之味，除了常态总量，每个人的评点不一样，看与吃大概也是如此，看的时候多些比较，吃的时候多些思考，一如黄桃的美味，一如生活的滋味，有点儿酸，有点儿甜，都需要各个亲自去品尝。

青村港大蒜

奉贤古谚语称“大蒜青村港，豆腐三官堂”，早在清光绪年间，青村港大蒜在奉贤已相当有名，民国期间闻名于相邻的川沙、南汇、金山及嘉善、平湖一带，凡来青村港求医或做生意的客人，临走必购青村港大蒜。新中国成立前，凡是有田地的农户，家家必种，其中镇西南翁家堂一带种植的大蒜尤为出名。青村港大蒜品种以白头蒜为主，其特点是叶板宽厚，茎杆粗壮，颜色翠绿，蒜头大，香辣味足。

青村农家传统种植大蒜，选地考察（通风、向阳、土质疏松），精耕细作（捣泥细、条行直），用肥独特（以河道藻草覆盖，追肥专施农家厩肥），讲究农艺（分期施肥，分期疏苗，不重茬栽种），收种时间严格，有“端午不在泥里，重阳不在屋里”之说。

奉贤黄桃

奉贤黄桃名闻遐迩，而青村镇又为奉贤黄桃的主产区、黄桃之乡。奉贤黄桃果实硕大，色泽金黄，果形圆整，果顶圆平，肉质润柔，味甜少酸，香味浓郁，鲜食风味极佳，实乃桃中奇葩、果中珍品。主要表现为甜、大、圆、黄、香，且宜于加工制罐，有“锦圆”“锦香”“锦绣”“锦花”四大系列品种。2010 年 4 月，被认定为国家地理标志保护产品。

点心

在历史长河中，青村糕点至今仍保留着许多特色品种。

品香春糕点，为青村港镇北徐氏世家名点，故又称“徐家品香春”，成名于清代，新中国成立后的人民公社时期，还有人称“折脚公公”的传人上街售糕。

一支香烧卖，清末聚水丰饭店名厨唐生福即小名唐三制作的名点，由于十分热销，往往刚出笼，未待燃完一支香就销售一空，故被称为“一支香烧卖”。

五龙抢珠，是青村港“永丰馆”的一道看家名菜，称为一绝，实为大盆中装有五尾鱼，一概头朝盆心，张开大口，盆中央置一枚金黄色蛋黄。此菜工艺性强，烹制难度高，价格不菲。

唐三红货，清末聚永丰饭店名菜，为名厨唐生福的看家菜。红货即炒鳝丝、炒鱼、炒甲鱼三道菜。后青村饭店厨师刘红玲暗中“偷艺”，学得一技，使青村饭店的炒丝重新风靡。

杨师博油炸管，也就是俗称的油条，为福建莆田人杨师傅绝技。青年时他流落青村港，以卖油条为生，新中国成立后进入青村供销社点心店，现有传人。油墩子，为糯米制成的普通点心，在青村乃至奉贤很有名，同为杨师傅绝技，至今尚有传人。

桥楼点心

青溪老街上的百年老字号，纯手工制作中华传统美食，真材实料，现做现卖，其中以粽子、油墩子最为出名。桥楼点心坚持食材健康天然，遵循传统的手工制作，希望通过最简单的原料做出最纯正的点心，诠释老上海的韵味。

觅溪米线

觅

“觅溪”意为“寻觅青溪”，而上海话中的“米线”一词谐音也为“觅溪”。觅溪米线的两位老板都是有活力和想法的九〇后，致力于打造环境优美、口味俱佳的优质店铺，店里精致的九宫格米线也给顾客带来满满的仪式感。招牌养生米线更突出青溪的中草药文化，在追求口味的同时也注重健康饮食。

溪

阿四生煎

青村网红店铺，生煎采用全发酵工艺，皮厚实松软，口感绵密，肉馅略带汤汁却并不满溢，肉质鲜美紧实，底部焦香酥脆，让人回味无穷。老板对用料执着的坚持，造就了几十年不变的好味道，也让食客倍感踏实和安心。在老食客心中，吃“阿四生煎”不仅是满足口腹之欲，更是想寻觅一份家的味道，几代人的青春都在生煎店的热气升腾中度过。

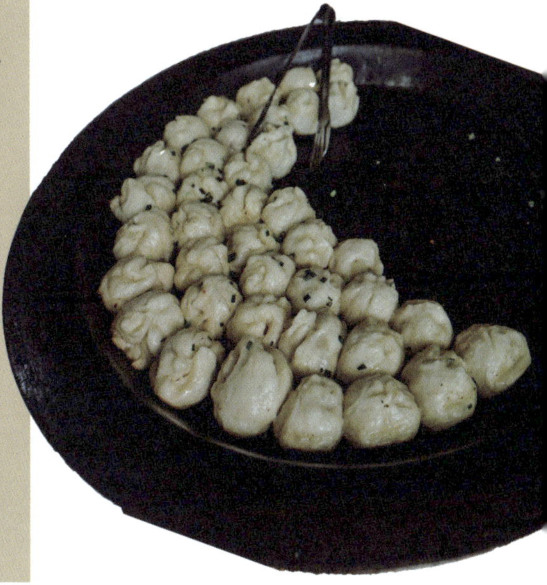

追忆

民风淳朴

农历十月十四是屠家庙庙会，后成为青村港地方节。庙会起源于清康熙后期，十月十四日是家庙“老爷”施琅的诞辰。庙会前三天，近则毗邻各县，远则江浙商贾纷纷前来，运商品，搭帐篷，青村港至屠家庙泊船相济无隙，节日气氛浓郁。

十四至十六日，青村港至屠家庙沿途商贾云集，黑压压似三里巨龙。兜售声、卖唱声、锣鼓声、喧闹声，此起彼伏。帐篷、店肆鳞次栉比。商品琳琅满目，应有尽有，使人眼花缭乱。卖膏药的卖关子，卖梨膏糖的摆噱头，西洋镜变戏法的使人一脸茫然，还有鸟衔牌算命、滩簧戏、跑马戏、猢狲做宝戏……到处是热气腾腾的景象。

庙 会

俗称“老爷出堂”“出会”等。新中国成立前，家历十月十四为本地屠家庙庙会日，十月初一为盐行头庙庙会日，十月初九为杨家埭庙会会日。庙会日，泥菩萨被从庙内抬出，去各处“活动”，或受许愿病家“还愿”，或受有钱人家膜拜。出会时由几十甚至上百人组成仪仗队，以“夜叉小鬼”开道，大旗大锣先锋，紧跟三十六个“天罡将”，七十二个“地煞星”，接着是托香社、拜香社、买盐社、莲花会、高跷队等队伍，杂以数十面各色绣花龙凤旗，之后则是抬泥菩萨的“轿班”、吹奏丝乐的清音班等。

到了预定地点，早已设下唱台，摆好香案，由道士或太保举行“打唱”仪式，游完一处又换一处。当年屠家庙与阮仙庙同日出会，因此场面最大，时间最长，从十月十四日一直活动到十月十六日，整整三天时间，出会路线从青村港镇出发，直至头桥、泰日桥、金汇桥和齐贤桥等地。届时，青村港镇人山人海、车水马龙，各地商贾、匠人、杂耍艺人等纷纷前来。

新中国成立前，农历正月上旬直到元宵节，民间艺人制作各种彩灯，如宫灯、花灯、动物灯、牌灯、挂灯、散灯等挂在门前、街上、路旁，有的还挂在风筝线上，争奇斗艳、美不胜收。既庆贺新春、祈求丰年，亦炫耀各家盈富；有的还制作龙灯，组成吊龙灯班子，并表演狮子舞、蚌壳舞、荡湖船、踩高跷和扭秧歌等，由清音班伴奏，串街游村巡演，招引观众，时称灯会。

1949 年前，青村港镇网船浜的一支龙灯队，技艺较高。能表演“跳龙梢”“龙打滚”“盘龙头”“盘龙梢”和“叠牌楼”等，两龙齐舞时能跳“双龙抢珠”。

青村民风赞

那一日，一个人去了青溪老街，在老腊梅树前左顾右盼，一位老伯看出了我的犹豫，从不远处快步过来问：“第一次来吧？喏，前面就是继芳桥。”老伯手指我入街的方向，见我迟疑，干脆朝我招招手：“走，带你去。”

继芳桥的故事，我熟知，此桥原址在青村镇的光明社区，是古时一换糖人兑千金之诺，捐出全部换糖所得修建，青村百姓不忘其善举，后将桥迁至青溪老街，当地人唤作“糖桥”，可见迁桥之意，均在建桥过程中。

看到了继芳桥，眼前出现换糖人的样子，总感觉先辈恩情万丈。尾随老伯往回走。老伯的家在青溪西街，和老腊梅树做了邻居，白墙黛瓦的平房，坐街北，门朝南开，门前有两格石台阶。屋内七八人在，最小的两三岁，在玩儿童扭扭车，一位鹤发童颜的老奶奶，笑眯眯地看着站在门口观望的我，老伯热情相邀：进来坐坐，今天休息日，正好一家人都在，热闹。

在老伯递过的竹椅子上落座，和坐在扭扭车上的孩子逗玩，小男孩也不生分，逐个介绍家人，最后说：“这是我太奶奶，九十岁了，刚才还想抢我车子玩呢。一屋子人都忍不住笑出了声。”出了老伯家，继续在街上闲走，心里感慨青溪老街的人对陌生人不设防的情谊，这份淳朴弥足珍贵。

坊间书场

言子青溪布道讲学

相传公元前444年冬，六十三岁的言偃横渡东江（黄浦江），到达故国东南海盐（不是当今浙江省海盐。古海盐位于松江偏南，大金山之北，属上海地区，秦时设县治，西汉后期入柘湖《上海通史》）讲学传道。因得三十年之前夫差败北葬三女之闻，便择道寻迹东海之隅。只见霞光万道，祥云朵朵，茫茫海滩之上，唯有一溪自东向西直插滩涂深处。虽为隆冬季节，仍现生机盎然景象。

言偃惊奇之余，令徒问讯村野老叟，告之：乃是东海滩涂奇特水流，中有民或以舟泊居，或择高结庐。冬尽春归，溪侧林木葱绿，白鹤云集。阳春三月桃花点缀，水清、草清、芦苇青之秀，胜为人间仙境。尚有不足，民只知劳作度日而文墨全无，似鳏寡孤独之众……

言偃大呼：鳏寡孤独，皆有所养也，此处乃为胜地，其后鱼、米、菽、桃诸业昌盛，贤达遍于溪之两岸。便令众弟子驾舟沿水东上，为溪之两岸先民传授礼乐仁爱之道，倡导修身齐家、治国、平天下的儒家思想，聆听者甚众。可惜，在传道数月后的返乡途中，言偃亡命归天。

时过境迁，大海南移，此处竟成苏松东南风水宝地，地青水绿，先人们称其为“青溪”。从此，文风大盛，凡有子弟者，无不令其读书，先民们捕鱼、晒盐、垦地，植稻米棉菽，栽桃李果蔬，变海滨处女地为鱼米之乡。

人们为铭记言偃传道之德，在明代改传道途经水道新泾港（五代时期吴越王钱镠时期疏浚）为奉贤泾，并从此称其为言子（子为古代时对有地位有学问男子的尊称，在《论语》中，孔子之外，唯有其与曾参两人）。清雍正四年（1726年），析华亭，立新县，为兴儒学、盛文风、奉贤人，获准立新县名为“奉贤”。

千百年来，青溪周围民众“芳躅慕圣人学道之训，遂觉弘歌雅化”。这是一个美丽的传说，直至当今，青村镇人思言子德，建子游里，进一步把见贤思齐、敬奉贤人，作为独特的地方文化传承。

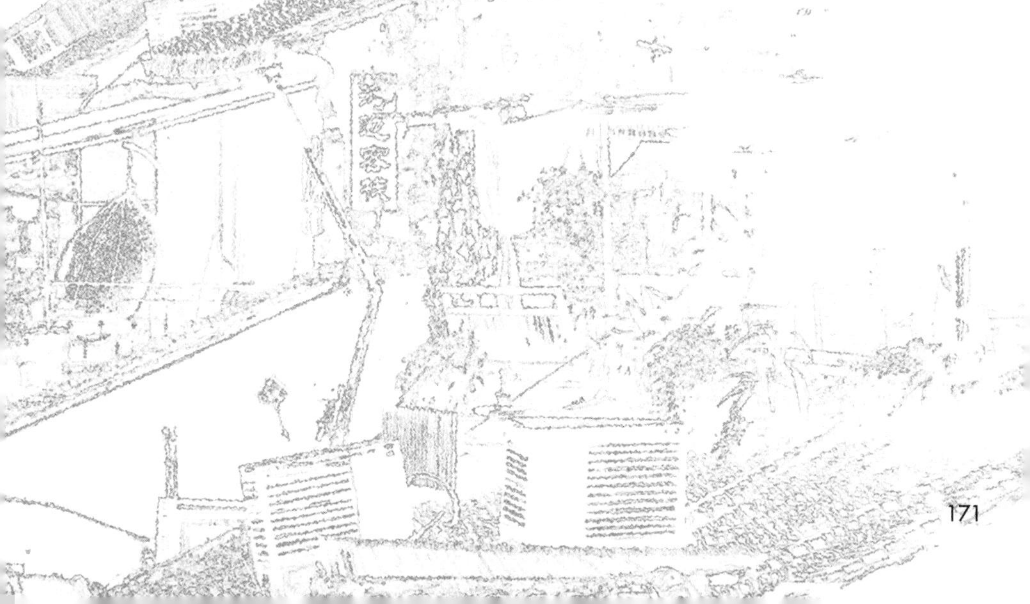

墨河沟的传说

明朝永乐后期，华亭县陶宅镇东市，有一座气宇不凡的豪华院落，此乃大明王朝武库兵部张应府第，府第东侧有一小巧玲珑花园，曲径通幽，木栏石凳，天然而雅致。东侧有一书亭，亭旁池约十丈见方，二十级青石板斜排水中。

这瑞烟青罩、杨柳轻曳的优雅境地，便是张家二公子张弼幼年勤练苦读之处。张熊应乃是元明之际诗人袁凯的门孙，早年任武库兵部郎，后居乡治家不苟同俗，常严令其子汝辅、汝弼习文练字，苦读经文。

据传张弼刚及四龄，诵文习字已显露不凡天赋，于是其父对其精雕细琢。每日鸡鸣报晓，晨曦初露之时，令其在亭中临池作书，并在张弼手背上置一满水瓷碗，以香计时，每次十支清香烟灭而罢。待夕阳西照，必又复一次。几经春秋轮回，使张弼练成了一手好字。

十年寒窗苦，终有成名时。少年时张弼的书法已扬名苏松地区，四方宾客慕名寻访，络绎不绝。只见小张弼英姿飒爽，点墨之处妙笔生花，最令人感叹的是任凭他挥毫若龙飞凤舞，而手背之碗稳如磐石，安然不动。

看得众人惊讶："神童也！"赞叹之余，疑窦顿生："为何陶溪之水清清，唯独亭边池水浓黑如炭？"张父答道："此河沟乃思童天天洗笔之处，日积月累，年复一年，水色自然尽黑如墨了。"众人皆悟，连连感叹："其功夫之深，远胜铁棒磨针也。"自此，墨河沟之名传遍吴中。

白鸟园的传说

话说在清代乾隆年间，青村港南三里地的三聚堂，出了个名医叫顾墨根。他行医几十年，好事做了无数件，可自己家里还是两间破草屋。这一年，顾墨根已六十出头，手头也有了一点积蓄，准备翻造几间瓦房。

这消息一传出去呀，凡受过他恩惠的人纷纷前来相助，有钱的出钱，有力的出力。那一万多块青砖是被他救活的青年妇女的丈夫烧制的，长梢木头是杭州张纪绸缎庄老板差人运来的。海盐县的一个穷苦乡民因无物可送，竟运来了两船黄沙。顾墨根真是千感谢，万感谢！

送来的东西派上了用场，瓦房很快造好了。可两船黄沙只用了一小部分。顾墨根把剩下的黄沙请人挑到了屋后的一片空地上，留待以后再用。说来也怪，到第二年的春天，那一片堆放黄沙的土地上竟长出了密密麻麻的小竹笋。一场春雨，竹笋节节拔高长粗，都有碗口般粗细，不到半年，竟长成了一片竹林。

竹林形成，奇怪的事又来了。不知从什么地方飞来了一群白鸟，高脚细颈，全身洁白，可头顶有一点红色，白鸟日夜在竹林里觅食、嬉戏，在黄沙里做窝、生蛋，那蛋多时竟有上百个，顾家人也不去捡拾，任凭它们孵化、繁殖。于是，白鸟越来越多，顾墨根家的三聚堂也逐渐地被人们呼作白鸟园。

乾隆末年，顾墨根已是八十多岁的老人了。秋末的一天，他正坐在屋檐下晒太阳。突然听到竹园里有“啾啾”的鸟叫声，声音非常凄惨。顾墨根不由得拄着拐杖，走进了竹园。只见一只硕大的白鸟跌在沙地上，翅膀扑腾着，就是飞不起来。“其他的白鸟都已飞走了，这一只怎么还不走呀？”顾墨根边想边走近白鸟，弯下腰来一看，原来那白鸟的一只翅膀折断了。

顾墨根抱起白鸟，放到屋檐下的竹凳上，进屋拿出仅剩的一点荷叶，给它敷上。白鸟站了起来，不走不动，翅膀似乎还不能飞腾。顾墨根又拿出银针，在白鸟的翅膀下扎了进去。谁知针还未拔出，那鸟突然一个扑腾，“呼”的一下，带着银针飞走了。顾墨根也不去追赶，一个不祥的预兆袭上心头：“神针归天了，看来我顾墨根的寿限也到了。”这天晚上，顾墨根就与世长辞了。

从此，顾家的医术就到此为止，顾墨根的后代竟没有一个行医之人。

继芳桥为啥又叫糖桥？

据说继芳桥址曾有一座破竹桥，行人走在上面，桥身摇摇晃晃，很不安全，过往行人要过和尚塘，一定要经过此桥，但走桥者都提心吊胆。

一天，有一位邹姓换糖人，挑着担子走上竹桥，桥左右摇晃，吓得他出了一身冷汗，好不容易走过桥到了对岸，仍然心有余悸。这时，正好桥边有人，他就指着竹桥对人们说:“这桥怎么没有人修？我要是有了钱，就一定造新桥！”说完，他挑起换糖担子走了，继续行走在乡村民宅之间，做他的换糖生意。

万历六年（1578 年）的一天，换糖人经过一破落村庄破落官吏宅院门口，快要路过这宅院时，不远处有一群玩耍的孩子，看见换糖人来，就过来哄抢。换糖人似乎觉得他的糖被有的孩子抢了，就放下糖担子去追赶抢糖的人。

这时，有一个胖胖的男孩对准换糖人“嚓！嚓！”扔过来两块东西，换糖人连忙转身避让，两个硬块从换糖人耳边飞过，紧接着“噔！噔！”两声闷闷的着地声，重重地掉落在地上。换糖人蹲下身子，拾起一掂，心中很是奇怪，“这是什么东西，竟这么重？莫非是宝贝？”他转身去找那个胖胖的男孩子，却不见其踪影。换糖人匆匆来到古物店，想去找人鉴定，掌柜的接过那两块物件，反复检验，不禁大吃一惊，这竟然是一对金弥陀佛。掌柜的要重金买下这宝贝，换糖人说：“这是一个男孩掉的，我要去找他，把东西还给他。”就离开了古物店。

换糖人来到刚才捡到宝贝的地方，不见那个男孩，他看到不远处有一群孩子在玩耍，就走过去找，也不在，便问孩子们：“你们见到过一个和你们年龄相仿，胖胖的男孩吗？这孩子家住在什么地方？”换糖人想，这孩子不在，就把这宝贝送到他家去。谁知孩子们回答说：“我们不认识他，从来没有见过他。”换糖人打听不到胖男孩的下落，等到天黑，仍不见胖男孩出现，只好回家去。

回到家，换糖人把白天发生的事对妻儿说了，妻子说：“不是我们的东西不能拿。”儿子说：“爸爸，这几天你不要到其他地方去换糖，就等在那里，等那个孩子出现就还给他。”换糖人听了妻子、儿子的话，就天天到拾到“宝贝”的地方换糖，其实就是想等那个胖男孩出现，但一连等了好几天，男孩都没有出现。

因为换糖人天天在这里换糖，来来往往的百姓很奇怪，就问换糖人，换糖人把事情经过一五一十地说给他们听，周围百姓听了，就对给换糖人说：“你心善，人好，想为百姓做事，感动了上天菩萨，他们助你，让你实现你的愿望。”换糖人回家把百姓的分析说给妻儿听，妻儿听了，说：“既然菩萨把这重任交给你，你就把这件事办好，给百姓造一座最好的桥。”于是，换糖人就把金弥陀佛换了钱，去购买造桥需要的最好的石材，聘请能工巧匠帮助设计，造石桥。周边百姓听到消息也都自愿跑来帮忙。

由于大家齐心合力，只花了一个月的时间，一座崭新的三孔石桥就建成了。竣工之日，四方乡民纷纷前来祝贺，大家都要换糖人说几句话，换糖人兴冲冲地走上三十三级石阶，来到拱桥正中千斤顶上，接受了众乡亲的祝贺之后，语重心长地说："乡亲们，从今往后，拜托大家共同维护好这座石桥，让子子孙孙也要继承下去，让它流芳百世，我建议，这桥就叫继芳桥吧！"说罢，周围顿时锣鼓齐鸣，爆竹震天，工匠们把凿有"继芳桥"三字的两块条石分别镶嵌在桥顶两侧。为了纪念换糖人的功德，老百姓平时不叫这桥的大名"继芳桥"，而亲切地唤它作"糖桥"。

袁凯装疯

袁凯于明洪武初中举后，经人荐举进京任监察御史，兼任西将侍郎（皇帝近侍），往返于皇上与权臣之间，替皇上督察朝政。乍到朝廷，满朝武臣元老，因连年征战有功，便有恃无恐，居功自傲。袁凯直言皇上，建议于都督府开设学堂，与太子朱标一起，为武臣讲学，专习礼仪。此举深得将帅信服，皇上大加赞赏，从此袁凯常周旋于皇上与太子之间。

朱元璋坐稳江山后，喜怒无常，对伴随自己南征北战的功臣名将大开杀戒，袁凯存心护之，却招来厄运。一次皇上手持斩决名单传袁凯交太子复审，太子认为杀人过多，便建议皇上多数免死，复转袁凯交皇上。

朱元璋一看，心中不悦，劈头问袁凯："我与太子谁是谁非？"袁凯答："太子心之善，皇上法之正！"本以为两面讨好不得罪，定能应付过去。可是朱元璋毕竟是久经沙场的老手，自然看穿了袁凯，便大吼一声："可恶圆滑袁凯，死无赦！"立即把他关入大牢，后袁凯免于一死复出为官，可每每上朝，皇上屡屡称为"卿乃东海大鳗鲡也"，令袁凯时时惊出一身冷汗。

联想起皇上不杀疯人的做法，袁凯便在一次退朝后装起疯来。次日，皇上派人手握利锥刺其股上。在皇帝看来，真疯是不觉痛的，只见袁凯被刺后仍疯言疯语，毫无痛的反应。终于蒙混过关得以遣送回乡。

一月后，皇上突然若有所悟，怀疑起袁凯是装疯，决定派人赶赴松江华亭县复视。好在袁凯得都察院同僚暗中相助，日夜策马赶到华亭相告。待到朝廷密探到华亭时，只见袁凯污头垢面，乱发蓬松，疯疯癫癫，嬉笑无常地在陶宅镇边农田中，时打滚而仰天呼叫，时而拾起田埂上的狗屎大口吞嚼，直看得密探阵阵恶心，呕吐不已。这狗屎实则是以肉糜及麦粉制作的，涂以屎色而成，预先置于田埂上。此计竟使袁凯又逃过一劫。不久，太子朱标也因“进谏被责，越觉怏怏”，以致“忧悒成疾”而瞑目归天，时为洪武十七年（1384 年）夏。

1993 年 10 月，全国地方戏在山西太原会演，河北梆子戏《袁凯装疯》上演后轰动太原。从此，该剧成为河北梆子戏剧团的传统保留剧目。

陶宅与青溪

陶宅是青溪文化的源头。陶宅位于奉贤东部，青村港镇西北处约三公里，距南桥十公里。陶宅镇和一个叫陶宣车的人有关。据说他是松江府的大富豪。元代时期，他来到了华亭县东南一带“面流而居”。他的新居便称为“陶宅”，而新居前的河就称为陶溪。陶宅镇一度达到繁华昌盛。

古语说：“先有陶宅而后有青村也。”陶溪在府治东南百里许，去大海十余里。溪水与春申浦上下。胜国时，陶宣车面流而居，故其溪曰陶溪，宅曰陶宅，地以人重也。洪武初载，专设陶宅巡司于镇之东。《袁海叟先生集》有陶宅务谢廷兰，即其巡司也。陶饶于资，北宅千灶，珠履三千，钟鸣会食，击鼓传更，其嗣与权树表迎鹤，筑馆求仙，园锁烟云，湖集歌舞。建修梁而通化径，举渔火以清市尘。遐迩游观者骈臻于是，四先生幽栖焉。与权寻以豪奢闻，资籍县官，第宅丘墟。今所存者道院与园桥耳。

四先生故工于文字，世邈荐，经兵燹不可概见。独《咏陶八章》，村翁林叟犹能道之。盖海叟居贯泾里，在陶之西北仅四五里。数过与权，饮酒赋诗，传为盛事，而海叟之门孙张东海先生为陶里人，其《陶溪总咏》脍炙人口，故四先生附两先生而传也。嗟乎！海叟称与权肥遁士，而智拙保身。四先生隐沦一时，声名到今不朽。斯何可同日道哉？余结庐南园，虽余芳尚存，而园桥摇落，春风秋月，临桥观眺，可胜轸慨。俯思乞言伟人，以为四先生元晏，则丽词庶乎远布，而陶之滨得与潇湘齐声矣。漫次其事，以当羔雁云。

真
趣

寻古觅新

古画里的青村

对于青村历史的记述，较为翔实的当数清朝人曾羽王的《乙酉笔记》，这是一部详细记述古华亭地区地理、风土、大事件的民间杂记，具 有很高的学术历史价值。

书中是这样说的：“海滨称文墨之区，必以青村为首矣。”由此可见当时当地以文为尚， 读书人非常多，“凡有子弟者，无不令其读书。每遇试期，应童子试者，五六十人”。清嘉庆《松江府志·疆域》载：“舟楫往来如织，百货聚焉，廛闬之盛，遂冠东乡诸镇。”

青村古镇在明初设巡检司、岁课局。史书称，“北宅千灶、珠履三千”、“钟鸣会食、击鼓传更”“云锁烟云、湖集歌舞”“举渔火以清市尘”“遐迩游观者骈臻于是”，景象繁荣。

说说心里话

当朋友问我最近常去哪个古镇， 我每说出“青村”两字时，别人想到的都是青春岁月的“青春”，总要纠正，而且会加上它的古名“青溪”，许多人第一次听说，来后也惊讶于身边还有这样一个藏在深闺无人识的世外桃源，六十多年前青村还隶属于苏州，后划归了上海，如同一位江南女娃有了摩登的气息，但骨子里还是那个优雅的“丁香一样芬芳的姑娘”。

如今的人就是怪，旅游也有“围城模式”：乡村的人日夜向往大城市，千方百计往城里跑；而久居繁华都市的人，又终日盼望拥抱淳朴自然，青村离大都市太近了，古镇改造后一遇节假日就车水马龙，人们惊呼她的“原真”与众不同。

青溪与周围开发较早的水乡古镇诸如周庄、同里、南浔、乌镇相比，有着更多的原住民、更多的老河道、更多的古建筑，就连那些街巷的名字都透着江南的人文色彩与淳朴气息。来过了，都感叹以前一味舍近求远，对藏在身边的这个古镇却忽略了。

小桥、流水、枕河人家的水乡古镇，在江南比比皆是。而青溪古镇是众多古镇之中的深闺佳人，除了具备江南小镇的风貌特征，还深深地渗透着其他古镇少有的灵气、书卷气和烟火气，承载着厚重的江南文化，是上海的一块历史瑰宝。

青村古镇位于上海奉贤区中部，成陆已有几千年的历史，正因为南临东海而自古盐业发达，自宋淳祐年间开始，设立盐务司，另青村盐场所产的盐由青溪经运盐河至黄浦江抵嘉兴盐司，大量运输船只往来及盐民集结，使得这里民居林立，商铺鳞次栉比，成为大镇。

明清时期达到鼎盛，史书曾这样描述：“北宅千灶、珠履三千、钟鸣会食、击鼓传更”，“云锁烟云、湖集歌舞”，“举渔火以清市尘，遐迩游观者骈臻于是”。

可以想象，无数的盐贩盐商因为这里便利的水上运输条件而在此中转停歇，渐渐这里就地形成了“繁华三里长街，云集百家商贾”的规模。青村古镇在元明时期被称为青溪，清雍正年间改名为青村港，到了民国时期又以青村为名，2004 年，青村古镇被列为上海市历史风貌保护区域。

从多前年开始着手青溪古镇的文化历史调查开始，我就渐渐爱上了它，虽然近些年的变化很大，却遗韵犹存，市河上依然保存着康熙年间建成的“双桥印月”之南虹桥、永寿桥、失而复得的广济桥等多座古石桥。

民居临水而建的独特的吊脚楼和空中长廊，保存完整的多样河埠头，还有明代“吴中草圣”张弼三世司马海秀石坊、中西合璧风格的钱宅，东、西古典当行，财神庙、天主堂等古建筑，独具江南水乡的多样及包容特色。

历史上的青村一派繁荣，清嘉庆年间的《松江府志·疆域》称：“分邑后，舟楫往来如织，百货聚焉，廛闬之盛，遂冠东乡诸镇。”

曾经的奉贤东乡大镇如今遇上了最好的时光，大力发展新江南文化和运河文化的理念，为古镇和新城的发展带来新的契机，以“水韵青溪”为亮点的“百里运河”新蓝图已经开始描绘，青村的未来会更美好。

让“人未识”的青村走到台前，接受四方宾客的评语，让这颗“明珠”揭开神秘面纱，古街幽弄、庭院宅第、临水人家的新江南风貌经过岁月的打磨，将焕发青春、历久弥新。

她是这样的青溪老街

沿街的民居一律窗门洁净，屋内摆设都很简单，老式的柜子、四方桌、八仙桌，古色古香，简单明快。行至中街，觉口干了，一看眼前，未见卖水的店铺，犹豫间听见有人喊：“妹妹，进来坐坐喝口水？”闻声扭头，喊我的是位满头银发的阿婆，阿婆站在家门口，脸带微笑，我心头一热，抬脚就跨进了屋。

阿婆端上热茶，笑吟吟地说：“来老街玩的人越来越多了，店现时还未开齐，常有人找水喝，我有两个热水瓶，每天都灌满了热水，就等着你们来喝。”环顾阿婆家，朝南面街，靠北一排铝合金嵌磨砂玻璃的墙，阿婆说里面是她的卧房，子女们都在别处买了房，阿婆是独居。我问阿婆为何不和子女们一起住，腾出这间当门面房出租。老屋地处老街中心，租金不低的。阿婆答：“一辈子从没离开过祖屋，不舍得搬离，但老街发展真有需要，我也愿意租出去的，但我要看租的人用来做什么营生，营生不好的，再多的钱也不行。”阿婆说完问我：“对哇？”

我点头，我对阿婆说，我从西街入街一路行至中街，路上碰到过几人，也问询过几次，比如海秀坊的来历、地址，比如望海楼为何也叫望江楼，还比如青溪码头古时候的样子，等等，街上的居民都是热情指引，滔滔不绝地介绍，一股脑地把老街历史说给我听，都是热心人。阿婆答：“我们青村人历来都是这样的呀，再说，来游玩的全是客人，对客人么是要客气的。”

别过阿婆，一个人在老街来来回回地走，在石板街道上，在小巷幽弄中，在熙熙攘攘的人流里，感觉老街热闹而不喧哗，那些擦肩而过的人们，都是微笑着谦让，我想，这可能是老街本有的氛围。

在老街南岸，我看到一家米行，专卖青村当地自产新米，看店的大姐说生意不错，游人都乐意买上一两袋带回家去，说青村米好吃，其实也是爱屋及乌。

再往前走，走进了“青溪土布馆”。土布制品很多，有钱包、玩偶，更多的是短装、长裤，还有旗袍，也有结合古老和现代风格而缝制的时装裙。一位先生喜滋滋地正在试穿中山装，引来一群人围观；有两个小姑娘则走进里屋，围着织布机转圈，看看、摸摸，那专注的神情，有一种小说里描写的穿越之气。

走完了青溪老街，看到了别处看不到的东西，留在心头的是青溪老街人的热忱与周到，心里一直在想：青溪，确实很清溪。

田园牧歌

“光打卡老街怎么够？！一起走进美丽的田园风光。”

吴房村四季

吴房村，至今已有三百多年历史，作为上海市首批九个乡村振兴示范村之一，实现建筑与自然融合，文化与产业相连，在秉承江南水韵海派文明的基础上，引入当代理念，打造具有现代品格、江南韵味、水乡特色的美丽乡村。青春吴房，正以乡村振兴之名，攀登着改革再出发的新高峰，书写着美丽乡村建设的新传奇。

十里桃园秀，清逸满吴房。这里，既有老故事，又有新传奇，实现着唯一向唯美的精彩蝶变。踱步其中，感受绿柳拂堤、白墙黛瓦、小桥流水人家的诗情雅致，品读百年“敕封旌义坊”，感受百年老宅中那份耕读济世之学的传承意趣，聆听百年榉树下的家国往事、儿女情长的低吟浅唱……

李窑村四季

稻花香“李”，水韵歌“窑”。李窑村紧遵“以绿为基、以水为韵、以文为魂、以业为核”理念，充分利用江南水乡赋予的自然生态禀赋，注重创新与传承相结合，呈现出水清岸绿、水天一色、鸟语花香的“李窑意象”水乡美景。

秋天是大美李窑的最好时节，在这里，蓝天白云与广袤稻田相映成画，风吹稻浪，一望无际，美不胜收。

李窑村因明清时期李姓大族聚居并开设土窑多处得名，有着自身鲜明的文化底蕴和特色风貌，在整体规划中巧妙运用窑砖元素，凸显地域特色。同时，以窑文化为特色，吸引千亩

水稻、百亩菊园、原乡民宿、田园市集等特色项目入驻，让农民更富、农村更美、农业更强，体现“乡村让城市更美好”的愿景。